MOVIE COCKTAILS

MOVIE COCKTAILS

COOLE DRINKS AUS LEGENDÄREN FILMEN

Will Francis und Stacey Marsh

Prestel

München · London · New York

INHALT

EINLEITUNG

Cocktails und Kino gehören untrennbar zusammen, seit sich die US-Filmindustrie in einem Tal namens Hollywood nahe Los Angeles niedergelassen hat. Mixgetränke bereichern die Bildsprache des Films – sie machen viele Szenen unvergesslich.

Im stetigen Wandel der kulturellen Trends vermitteln Cocktails wechselnde Botschaften, je nach filmischer Erzählweise und Milieu. Der Martini, an dem ein Killer in einem seltenen Moment der inneren Einkehr nippt, deutet kalte Sinnlichkeit an – er verkörpert aber ebenso die eiserne Entschlossenheit einer sittsamen Heldin. Getränke sind untrennbar mit den berühmtesten Filmmomenten verbunden, von Ricks »Ich seh dir in die Augen, Kleines« beim Champagner-Cocktail in seiner Bar in Casablanca (Seite 66) bis zu James Bond, der in *Casino Royale* am Spieltisch die Zutaten für einen mittlerweile legendären Drink aufzählt (Seite 162).

Die Arbeit an Text und Illustrationen für dieses Buch verschaffte uns einen faszinierenden Einblick in die Geschichte des Cocktails über ein Jahrhundert hinweg. In den Anfangsjahren des Films servierte man alkoholische Getränke in einem hochwandigen

Cocktailglas ohne Eis, meist sogar ohne Garnitur. Im ausgehenden 20. Jahrhundert waren dagegen eher Longdrinks und geeiste Getränke üblich, mit einem bunten Höhepunkt in den 1990er-Jahren, als kaum ein Drink ohne Eis und Beiwerk auskam.

Cocktails sind viel älter als das Kino. Die ältesten Beispiele in diesem Buch – Rum- und Eierpunsch – sind so alt wie Rum und Brandy. Im mittelalterlichen England war *Posset* ein beliebtes winterliches Getränk: Milch wurde mit alkoholischen Getränken wie Wein oder Bier zur Gerinnung gebracht. Dazu kamen später Gewürze, Spirituosen und Eier, woraus der Egg Nog entstand. Im 17. Jahrhundert konsumierte man heiße punschartige Getränke nach nordischem Vorbild (*Wassail*). Den Punsch selbst haben wohl die ersten Kauffahrer aus Indien mitgebracht. Pate stand das Hindiwort

Feuerzangenbowle (Seite 64) und Egg Nog (Seite 62)

10

panch für »fünf«, das sich auf die fünf wichtigsten Zutaten (Spirituosen, Früchte, Wasser, Zucker und Gewürze) bezog.

Jahrhundertelang galt der Konsum von Wein und Bier als gesunde Alternative zum unreinen Trinkwasser. 1688 verbot der soeben zum Herrscher Großbritanniens gekrönte Wilhelm von Oranien den Import von französischem Weinbrand. 1690 folgte der »Distilling Act«, der jedem das Recht gab, lizenzfrei Spirituosen herzustellen. Vier Jahre später wurden die Steuern auf Bier erhöht, was den Anstoß zu einer regelrechten Gin-Epidemie gab. Um 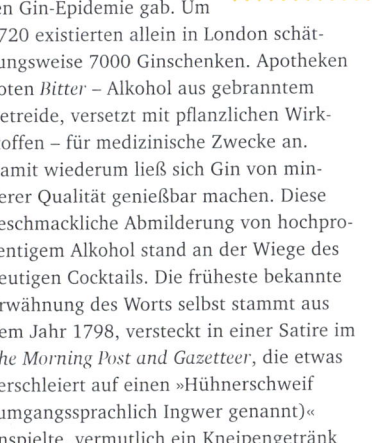 1720 existierten allein in London schätzungsweise 7000 Ginschenken. Apotheken boten *Bitter* – Alkohol aus gebranntem Getreide, versetzt mit pflanzlichen Wirkstoffen – für medizinische Zwecke an. Damit wiederum ließ sich Gin von minderer Qualität genießbar machen. Diese geschmackliche Abmilderung von hochprozentigem Alkohol stand an der Wiege des heutigen Cocktails. Die früheste bekannte Erwähnung des Worts selbst stammt aus dem Jahr 1798, versteckt in einer Satire im *The Morning Post and Gazetteer*, die etwas verschleiert auf einen »Hühnerschweif (umgangssprachlich Ingwer genannt)« anspielte, vermutlich ein Kneipengetränk aus Gin und Bitter.

Im 19. Jahrhundert erschienen in amerikanischen Veröffentlichungen erste Beschreibungen von Cocktails. Manchmal wurden die Getränke als *Slings* bezeichnet, ein noch heute üblicher Begriff, abgeleitet vom deutschen Wort »schlingen«. Bereits 60 Jahre später bezeichnete das Wort Cocktail beliebte Gaumenschmeichler aus Spirituosen, Bittern und Süßungsmitteln in unterschiedlichsten Zusammensetzungen. Das erste Buch mit Rezepten, der *Bartender's Guide* von Jerry Thomas, erschien 1862. Der Untertitel pries es als »A Bon Vivant's Companion« an, als »Gefährten für Genussmenschen«. Diese Anleitung ist für viele Barkeeper noch heute aktuell, was vor allem eines deutlich macht: dass wir, allen technologischen und kulturellen Fortschritten zum Trotz, noch immer einen gut gemixten Drink zu schätzen wissen, wenn er stilvoll serviert und in angenehmer Gesellschaft genossen wird. Die Bonvivants, denen Thomas sein Buch widmete, sind noch unter uns.

Beim Anbruch des 20. Jahrhunderts hatte die junge Filmindustrie an so unterschiedlichen Orten wie Paris, Melbourne, London und Pittsburgh Fuß gefasst. Ab 1912 verlegte man die ersten Studios wegen der zahlreichen Sonnentage mit hoher Lichtausbeute nach Los Angeles, aber auch zur Vermeidung von juristischen Auseinandersetzungen mit dem Erfinder Thomas Edison (der die meisten Patente für die Branche besaß). Cocktails tauchten in Charlie Chaplins Stummfilmen als Requisit auf.

Zugleich wuchs die Besorgnis über die sozialen Folgen des Alkoholkonsums. Bald wurde die Filmkarriere solcher Mixgetränke buchstäblich auf Eis gelegt.

Deshalb klafft in diesem Buch zwischen 1920 und 1933 eine Lücke. Während der Prohibitionsära waren in den USA Verkauf und Konsum von Alkohol verboten. Dieses gut gemeinte soziale Experiment förderte organisierte Kriminalität und Alkoholschmuggel auf beispiellose Weise. Es hatte allerdings auch seine guten Seiten: Die gewalttätige männliche »Saloon-Kultur« verschwand, während modische Erfrischungsgetränke und Eiscremes den neuartigen Diner- und Drive-in-Lokalen einen regelrechten Boom bescherten.

Getrunken wurde damals wie eh und je, allerdings war der Stoff teuer und minderwertig. Die meisten Hollywood-Filme waren »trocken«. Das Gastgewerbe geriet in eine Krise, die Elite der Barkeeper wanderte nach Europa ab. 1933 fiel das Verbot schließlich. Als Präsident Franklin D. Roosevelt zu Beginn des Jahres eine Lockerung für Biersorten mit mäßigem Alkoholgehalt verkündete, sprach er seiner durstigen Nation mit dem Satz »Wir könnten jetzt wohl alle ein Bier vertragen« aus dem Herzen.

Heute beschwören Vintage-Bars die Prohibitionsära wieder herauf: Cocktails in stilgerechten Gläsern, Jazzbands und Burlesque-Acts, die Besucher unterhalten, die den romantischen Kick des heimlichen Hedonismus schätzen. In Spielfilmen ist diese Ära ein mit Gangstern und Alkoholschmugglern prominent besetztes, beliebtes Sujet.

In *Der große Gatsby* (Seite 84), dem einzigen Film in unserem Buch, der in dieser Epoche spielt, genießen Jay Gatsby und sein Kumpan Meyer Wolfsheim ihre Highballs in einer opulent ausgestatteten Flüsterkneipe in Manhattan, deren Zugang als Barbiersalon getarnt ist. Für die Figur des Wolfsheim diente F. Scott Fitzgerald angeblich Arnold Rothstein als Vorbild, ein berüchtigter New Yorker Geschäftemacher, der als einer der Ersten das neue Prohibitionsgesetz durch den Import von Schnaps aus dem Ausland umging.

In den drei folgenden Jahrzehnten schwang sich die amerikanische Barkultur zu neuen Höhen auf. Zur feinen Gesellschaft gehörte die Kunst des Mixens unbedingt dazu. Damals entstanden einige der besten Bücher zum Thema. Eine Welle von Drinks schwappte über die Spielfilmwelt hinweg. Selbst ein umfangreicheres Buch als dieses, welches sich ausschließlich dieser Ära widmet, könnte die Vielfalt kaum abbilden. Erst jetzt avancierte der Cocktail wirklich zum Leinwandstar und zur eigenständigen Ikone der Popkultur. Er wurde massentauglich. Bars und Restaurants machten sich dies zunutze und passten ihr Programm dem Geschmack des Mainstreams an. Ketten wie »Trader Vic's« eröffneten Filialen in aller Welt und brachten bunte und fruchtige Drinks im Tiki-Stil mit, wie sie im Elvis-Presley-Film *Blaues Hawaii* (Seite 92) zu sehen sind. Cocktails wurden so kitschig wie die Reiseandenken, die sich in vielen Wohnungen breitmachten. Die Wortkombination »Vintage« und »Cocktail« fördert in Online-Suchprogrammen massenhaft Relikte wie Shaker, Gläser, Möbel und Accessoires zutage, die von der Cocktailmanie um die Mitte des 20. Jahrhunderts Zeugnis ablegen.

Bei jedem Trend schließt sich irgendwann wieder ein Kreis. Wir erleben die Auferstehung klassischer Cocktails, propagiert von Barkeepern, die sich von den Anfängen der Mixgetränke inspirieren lassen. Das beruht einerseits auf einer Vintagewelle, die auch Bars und Restaurants erfasst, andererseits darauf, dass längst vergriffene Mixanleitungen von Kleinverlegern im Print-on-Demand-Verfahren neu aufgelegt werden. Mittlerweile liegt die Betonung wieder auf traditionellen Zubereitungsmethoden, ausgewählten Zutaten sowie Drinks, die besonders von Kennern geschätzt werden.

Der Old Fashioned beispielsweise war fast in Vergessenheit geraten. Ein neu erwachendes Interesse an traditionellen Mixgetränken fiel zeitlich mit der Ausstrahlung der im New York der 1960er-Jahre spielenden TV-Kultserie *Mad Men* (2007–2015) zusammen. Die Hauptfigur Don Draper wurde zum Leitbild, dessen urbane Raffinesse, kombiniert mit der Vorliebe für dieses Getränk, zur erneuerten Popularität des Old Fashioned enorm beitrug. Auch der Cosmopolitan war nur einer von vielen bunten Cocktails aus

Der Old Fashioned (Seite 116)

den 1980er-Jahren, bis Carrie und ihre Freundinnen ihm in *Sex and the City* zu neuer Prominenz und einem Status als moderner Klassiker verhalfen (Seite 52).

Der Aufbau unseres Buchs ermöglicht allen Leser*Innen Zufallsbekanntschaften mit Drinks, die ihnen bislang unbekannt waren. Die Abfolge ist rein alphabetisch und verzichtet auf Kapiteleinteilungen. Bei den meisten Rezepten legen wir Wert auf eine möglichst simple Zubereitung. Zunächst geben wir eine Einführung in die wichtigsten Zutaten und Hilfsmittel. Selbst ein überschaubarer Vorrat ermöglicht nämlich eine erstaunlich große Vielfalt von Mixgetränken. Während man Freunde bewirtet, lernt man nebenher viel über die Kunst des Mixens. David A. Embury brachte es in seinem bahnbrechenden Buch *The Fine Art of Mixing Drinks*, das erstmals 1948 erschien, auf den Punkt: »Jeder kann gute Cocktails zubereiten.« Unseren Leser*Innen eröffnet sich eine Welt, die ihnen beinahe spielerisch unzählige neue Geschmackserlebnisse verschafft.

Embury verdanken wir auch eine Warnung vor Snobismus oder Dogmatismus: »Ideal ist die Zusammenstellung jedes Drinks dann, wenn sie Ihren persönlichen Geschmack widerspiegelt.« Es gibt tatsächlich keinen Königsweg zur richtigen Zubereitung von Cocktails. Mixen Sie also selbstbewusst, mit Spaß an der Sache, viel Lust am Experiment und mit eigenständigen Variationen der Rezepte. Dieses Buch soll Ihnen als kurzweiliger Leitfaden dienen, mit dessen Hilfe Sie Ihren nächsten Cocktail auswählen, die Geschichte des Spielfilms neu entdecken und ganz nebenbei die Kunst des Mixens erlernen.

ERSTE
SCHRITTE

GRUNDAUSSTATTUNG
DAMIT WIRD MAN ZUM STAR AN DER BAR

SHAKER

Man sollte sich für eine von zwei Varianten entscheiden. Beliebt in vielen Haushalten ist der dreiteilige Cobbler Shaker, der aus einem Edelstahlbecher, einem Aufsatz mit Sieb und einer Verschlusskappe besteht. Er sieht zwar ästhetisch aus, aber Profis schätzen den einfacheren Boston Shaker. Hier wird ein Edelstahlbecher leicht schräg über ein etwas kleineres, dickwandiges Mixglas gestülpt. Diese Methode erlaubt zügiges Arbeiten, eine schnellere Reinigung und eignet sich auch für gerührte Cocktails.

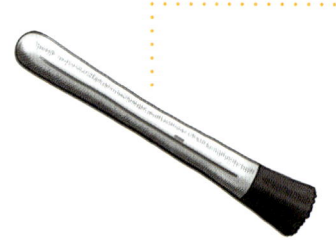

STÖSSEL

Früchte oder Kräuter werden oft mit Zucker oder Likör am Boden des Mixglases zerdrückt, damit sie ihre Säfte, ätherischen Öle und Aromen freisetzen. Für Minze und ähnliche Blattgewürze verwendet man einen naturbelassenen Holzstößel. Früchte werden mit einem Edelstahlstößel mit waffel- oder sternförmigem Ende zerdrückt. Man sollte die Zutaten jedoch nicht zum Brei zerdrücken, weil das den Cocktail eventuell bitter macht und ihn mit unschönen Schwebstoffen trübt.

BARLÖFFEL

Ein unauffälliges, aber ungemein wichtiges Werkzeug ist der traditionelle Barlöffel mit seinem langen, spiralförmig gedrehten Griff, an dessen einem Ende eine flache Scheibe angelötet ist, während sich am anderen ein großer Teelöffel befindet. Dieses Hilfsmittel ist unverzichtbar, um einen Old Fashioned zu rühren, Schlieren im White Russian zu ziehen, Sirup abzumessen oder Cocktailkirschen aus Gläsern zu fischen. Der Barlöffel erleichtert das Leben jedes Barkeepers. Das flache Ende kann bei Bedarf sogar als Stößelersatz dienen.

Kleine Hilfsmittel ermöglichen oft große Errungenschaften. Dieser Grundsatz gilt auch für raffinierte Cocktails, die man zu Hause macht. Dazu benötigt man nur ein paar qualitativ hochwertige Gerätschaften, die man sich online oder in Fachgeschäften leicht beschaffen kann.

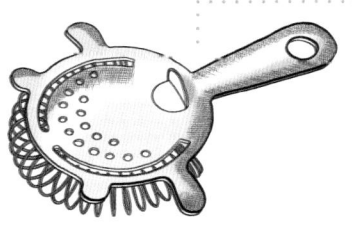

HAWTHORNE STRAINER

Dieses Barsieb benutzt man für den Boston Shaker. Der Hawthorne Strainer passt sich durch die flexible Drahtspirale um seinen Rand genau an die Öffnung des Shakers an und hält grobe Bestandteile von Zutaten und Eis zurück, während der geschüttelte oder gerührte Cocktail ins Glas gefüllt wird. Für Eissplitter oder Fruchtfasern, die beim Schütteln entstanden sind, ist er durchlässig, was bei Cocktails, die auf Eis serviert werden, nicht stört.

TEESIEB

Für Martinis und ähnliche Getränke, die ohne Eis im gekühlten Glas serviert werden, benötigt man ein feines Sieb, damit sich keine Fruchtfasern und Eissplitter auf der Oberfläche sammeln und der Eleganz des liebevoll zubereiteten Drinks schaden. Ein gutes Sieb hält all diese losen Bestandteile zurück, ohne gleich zu verstopfen.

MESSBECHER

Die richtige Bemessung der Zutaten ist nicht nur für Drinks wichtig, die man nach Rezept zubereitet, sondern auch für Experimente, Verbesserungen und Eigenkreationen. Für unsere Zwecke eignet sich ein Doppelbarmaß mit 25 ml im kleinen und 50 ml im großen Becher, was einem bzw. zwei Shots entspricht. Für die Rezepte in diesem Buch messen wir in Millilitern. Ein Shot entspricht einem randvollen kleinen Bechermaß.

SPIRITUOSEN
DIE HAUPTDARSTELLER IM BARFACH

GIN

Die wohl wichtigste Spirituose im Barfach und im Stammbaum aller Mixgetränke, der Star in vielen Klassikern vom süßen Martini bis zum bitteren Negroni. Klarer Getreidebrand wird mit Gewürzen aromatisiert, allen voran Wacholder, aber auch Orangenschalen, Zimt oder sogar Gurke, die für ein besonderes Geschmacksprofil sorgen. London Gin ist trocken, während der weniger verbreitete Old Tom leicht gesüßt ist. Schlehenlikör wird mit Gin angesetzt.

WHISKY

Sämtliche Sorten dieser Spirituosenfamilie werden aus Getreidemaische destilliert und reifen in Eichenfässern. Regionale Getreide und das Holz sind geschmacksbestimmend. Beim schottischen Whisky (Scotch) wird die Gerste (anders als beim irischen Whiskey) zudem über brennendem Torf getrocknet, was für die typische Rauchnote sorgt. Beim Bourbon überwiegt in der Maische der Mais, beim Rye der Roggen. Als Whisky gilt nur, was mindestens drei Jahre im Fass gelagert hat.

WODKA

Diese Spirituose ist nahezu geschmacksneutral, sie besteht fast nur noch aus Wasser und reinem Ethanol. Sie wird aus stärkehaltigen Gewächsen wie Hafer, Roggen, Gerste, Weizen und Kartoffeln gebrannt. Cocktails mit bereits geschmacksintensiven Zutaten bekommen durch den neutralen Charakter von Wodka den richtigen Kick. Mit einer eigenen Kräutermischung lässt sich aus Wodka sogar eine individuelle Ginsorte herstellen.

Die meisten Cocktails in diesem Buch bauen auf sechs Basisalkoholen auf. Wichtig: Immer das Beste kaufen, was man sich leisten kann, aber nicht immerzu dieselben Marken. Nur so erschließen sich beim Mixen die feinen Geschmacksunterschiede.

BRANDY

Dieser in Fässern gereifte Weinbrand wird vorzugsweise pur genossen, bei Zimmertemperatur oder leicht erwärmt. Brandy eignet sich besonders gut für erhitzte Cocktails und Desserts, denen er eine warme abgerundete Note verleiht. Am bekanntesten ist französischer Cognac, der aus dem gleichnamigen Weinbaugebiet stammen muss, in großen Kupferblasen im Doppelbrandverfahren destilliert wird und zwei Jahre lang in speziellen Eichenfässern reift.

RUM

Die meisten Rumsorten stammen aus der Karibik und aus Lateinamerika und werden aus Melasse gewonnen, einem Nebenprodukt beim Raffinieren von Zuckerrohr. Weißer Rum kommt typischerweise aus Kuba und Puerto Rico, schwarzer Rum, der länger destilliert und gereift ist, aus Jamaika. Dazwischen gibt es eine Vielzahl von Schattierungen. Weißer Rum eignet sich besonders gut zum Mixen von Cocktails und dient als Basis für bekannte Drinks mit tropischer Note wie Daiquiri und Mojito.

TEQUILA

Schon die Azteken in Mexiko genossen vergorenen *Pulque* aus Agavensaft. Die spanischen Konquistadoren führten das Brennen von Tequila ein. Dieser Brand aus dem Fruchtfleisch der blauen Weber-Agave, eigentlich nur eine Spielart des Mezcal, ist heute enorm beliebt. Tequila wird in fünf Klassen eingeteilt, die sich je nach Färbung und Lagerungsdauer unterscheiden.

LIKÖRE, SÄFTE UND BITTER
BAUSTEINE FÜR MILLIONEN VARIATIONEN

WERMUTS UND APERITIFS

Wermut wird seit Jahrhunderten hergestellt und verleiht Martini, Manhattan und Negroni ihre jeweils besondere Note. Der Name dieses aromatisierten und aufgespriteten Weins ist vom Wermutkraut abgeleitet, dessen Bitterstoffe seit jeher zum Aromatisieren von Alkohol dienten, der als Medizin gereicht wurde. Französischer Wermut ist weiß und gewöhnlich trocken, während italienischer häufig rot ist und lieblich schmeckt.

LIKÖRE

Kräftige Frucht- oder Nussnoten oder andere natürliche Aromen im Cocktail stammen häufig von süßen Likören wie Cointreau (Orange), Crème de Cassis (Johannisbeeren) oder Frangelico (Haselnuss). Beim Dosieren von Likören ist Zurückhaltung angebracht, weil ein Drink schneller zu lieblich als zu trocken gerät. Eine Übersüßung ist kaum umkehrbar. In unseren Rezepten wird Orangenlikör – auch als Triple Sec oder noch lieblicherer Curaçao bekannt – am häufigsten verwendet.

COCKTAILBITTER

Bitter entstanden ursprünglich als Tonikum für Kranke und werden nur tropfenweise gebraucht. Als hochkonzentrierte Würzzutaten aus Alkohol, Wasser und Kräuterextrakten sind sie im modernen Barbetrieb mittlerweile unentbehrlich. Zu den bekanntesten gehört Angostura, dessen Rezeptur geheim gehalten wird und nur fünf Personen bekannt ist. Nützlich für den eigenen Vorrat sind auch Orangenbitter und Peychaud's Bitters. Viele Barkeeper arbeiten inzwischen mit individuellen Eigenkreationen.

Das vielschichtige Aromenspiel in einem Cocktail entsteht, wenn dem Basisalkohol eine oder mehrere der folgenden Zutaten hinzugefügt werden. Zitrussäfte, Bitterstoffe und Alkohole bilden das Gegengewicht zur Süße von Säften und Likören. Nur keine Scheu vor Experimenten – die Mengen lassen sich beliebig anpassen.

FRUCHTSÄFTE

Zitrussäfte schmecken stets am besten, wenn man sie eigenhändig frisch presst – Saft aus Flaschen oder Packungen ist für unsere Zwecke meist unbrauchbar. Man benötigt ohnehin häufig Zesten oder Schnitze für die Garnitur, wodurch sich der Mehraufwand in Grenzen hält. Bei eher selten benötigten Säften von Cranberry, Ananas oder Apfel lohnt sich der Kauf von Multipacks mit Kleinportionen, die sich immer im Kühlschrank aufbewahren lassen.

ZUCKERSIRUP

Viele Cocktails benötigen zusätzliche Süße, die durch Hinzufügung von Sirup (Mischungsverhältnis 1 : 1) erreicht wird. Es gibt ihn fertig zu kaufen, er lässt sich aber auch selbst herstellen, vor allem, wenn ein Mischungsverhältnis 2 : 1 benötigt wird: Zucker und Wasser werden in einem Kochtopf bei mittlerer Hitze erwärmt, bis der Zucker vollständig gelöst ist. Der Sirup wird in ein Fläschchen gefüllt, das man zuvor mit einem Schluck Wodka ausgespült hat. Anstelle von raffiniertem Zucker eignet sich auch Agavensirup, dessen Bernsteinfarbe und Geschmack gut mit Tequila harmonieren.

EIER UND MILCH

Das Mundgefühl und der Geschmack von Eiweiß in einem Drink sind unvergleichlich, als Schaumbildner ist es nahezu unentbehrlich. Für alle, die Zubereitungen aus rohen Eiern misstrauen, bietet sich Eiweißpulver, für Veganer Aquafaba (dickflüssiges Kochwasser von Hülsenfrüchten) als Ersatz an. Auch Milch und Sahne können Cocktails aufwerten, von kräftig geschüttelten »Hard Shakes« bis zum Klassiker White Russian. Ob veganer Milchersatz in einem bestimmten Cocktail funktioniert, kommt ganz auf den Versuch an.

GARNITUREN
RAFFINIERTER COCKTAIL STATT BLOSSES MIXGETRÄNK

ZITRUSSCHALEN

Mit einem Sparschäler oder einem kleinen Messer schneidet man einen breiten Streifen der Schale einer unbehandelten Frucht ab. Dabei nicht zu tief ansetzen, damit die bittere weiße Haut nicht mitkommt. Wenn die Schale über den Rand des Glases hängt (oder man diesen mit ihr abreibt), verleihen die ätherischen Öle dem Drink zusätzlich Geschmack und Aroma. Mit einem Zestenreißer gelingen sehr feine Streifen, die als Twist um den Trinkhalm gewickelt oder über den Glasrand gelegt werden.

FLAMBIERTE ZESTEN

Diese Technik steigert Geschmack und Aroma bestimmter Drinks wie Cosmopolitan oder Old Fashioned, abgesehen vom theatralischen Effekt während der Zubereitung. Ein scheibenförmiges Stück Schale – meist von einer Orange – wird abgeschnitten. Ein Zündholz wird angerissen. Sobald der Kopf abgebrannt ist und die Flamme klein weiter brennt, hält man das brennende Hölzchen über das Glas (nicht zu dicht darüber!) und presst die ätherischen Öle aus der Schale durch die Flamme hindurch in den Cocktail aus. Das erfordert etwas Übung. Auf Rauchmelder und Ihre Finger achten!

FRÜCHTE

Kandierte Kirschen, Fruchtstücke und Oliven lassen sich beliebig und sehr effektvoll dekorativ kombinieren, entweder wie Schaschlik auf einem Cocktailspieß, der quer auf dem Glasrand liegt, als vertikal eingeschnittener Fruchtschnitz, der auf den Glasrand gesteckt wird, oder »schwimmend« auf einer ausgepressten Limonenschale oder einer halbierten Passionsfrucht.

Das Auge genießt stets mit, nicht nur beim Essen. Eine aufwendige Präsentation steigert die Wirkung jedes Cocktails. Hier werden die wichtigsten Kunstgriffe vorgestellt. Die Vorbereitung findet unmittelbar vor dem Mixen des Drinks statt. Das garantiert die optimale Frische beim Servieren.

EIS

Für fast jeden Cocktail wird Eis benötigt, weil es beim Schütteln und Rühren den Drink kühlt und verdünnt. Am besten werden die benötigten Eiswürfel aus Mineralwasser oder (entkalktem) Leitungswasser selbst hergestellt. Ein Eiszerkleinerer ist hilfreich, aber für Mint Juleps und Zombies reicht es auch, Eiswürfel in einem sauberen Geschirrtuch mit dem Stößel zu zerkleinern.

KRUSTEN

Eine weitere Möglichkeit, die Eleganz des Cocktails zu unterstreichen und die Geschmacksvielfalt um eine Facette zu bereichern. Für die Margarita wird der Glasrand mit einem Stück Zitrone oder Limette eingerieben, das Glas anschließend mit der Öffnung in einen Teller mit Salz getaucht. Das funktioniert auch mit Kakao und Orange, Zimt und Apfel sowie vielen anderen Kombinationen, ob pikant, süß oder sauer.

SCHIRMCHEN, TRINKHALM & CO

Wahre Cocktail-Liebhaber*Innen finden Zierelemente wie Schirmchen kindisch. Manche Drinks wie der Banana Daiquiri oder der Singapore Sling leben aber gerade von bunten Effekten, die den tropischen Charakter unterstreichen. Cocktailspießchen in verschiedenen Farben und Formen sowie lange und kurze Trinkhalme gehören zur Grundausstattung. Extravagante Formen kommen bei Gästen immer gut an. Ganz Verwegene nehmen Bucatini oder ähnliche Röhrennudeln anstelle von Trinkhalmen.

GLÄSER

DIE BÜHNE FÜR DEN GROSSEN AUFTRITT

MARTINIGLAS

CHAMPAGNER-
FLÖTE

COLLINSGLAS

ROCKSGLAS

OLD-FASHIONED-
GLAS

WEINBRAND-
SCHWENKER

COCKTAIL-
SCHALE

TEEGLAS (TODDY)

Wer jeden Cocktail aus diesem Buch, insbesondere die bekannten, mixen möchte, benötigt alle hier abgebildeten Glasformen. Für die meisten Rezepte reichen allerdings die ersten vier völlig aus.

HIGHBALLGLAS   MARGARITAGLAS   HURRICANEGLAS   SLINGGLAS

CHAMPAGNER-
SCHALE

CALIFORNIA-
COCKTAILGLAS

JULEP-BECHER

COCKTAILS

7&7

Saturday Night Fever • 1977
Tony Manero / John Travolta

38 ml Blended Whisky
Zitronenlimonade (z. B. 7 Up oder Sprite)

Eis in ein Collinsglas geben, den Whisky
eingießen und mit Limonade auffüllen.
Sanft miteinander verrühren, damit die
Kohlensäure nicht entweicht. Mit Trinkhalm
servieren.

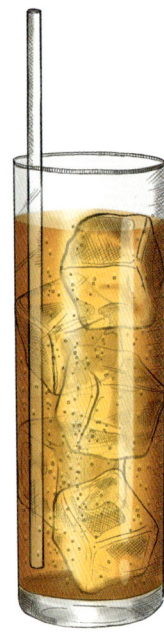

Namensgeber für den 7&7 war ein Rezept,
bei dem Seven-Crown-Whisky von Seagram
mit 7-Up-Limonade gemixt wurde. Das
Getränk war angeblich im Vietnamkrieg bei
Soldaten äußerst beliebt und gehörte in
den 1970er-Jahren zu den am häufigsten
georderten Drinks in den USA. Die beiden
Getränkemarken taten sich für eine gemeinsame Anzeigenkampagne (»America's
Favorite Couple«) zusammen, die jahrelang
lief. Die Beliebtheit der Whiskymarke
hat inzwischen deutlich abgenommen,
außerhalb Nordamerikas ist sie kaum noch
erhältlich. Dieser subtil erfrischende Drink
gelingt aber auch sehr gut mit Scotch,
irischem Whiskey oder Blended Whisky
und kommt ohne Fruchtgarnitur aus.

....

Tony Manero ist der »König der Tanzfläche«
in der Diskothek »2001 Odyssey« in
Brooklyn. Sein Tanztalent verschafft ihm
bei den Jungs in dieser Freizeitoase im
New York der 1970er-Jahre Ansehen und
macht zahlreiche Verehrerinnen auf ihn
aufmerksam. Während seine Freunde
Rangkämpfe mit Gewalt austragen, verlässt
sich Tony auf seinen Hüftschwung, um
sich an die Spitze der von Diskomusik
befeuerten Tanzszene zu setzen. Und er
konsumiert als Durstlöscher nur ein
Getränk, wenn er im Club ist: den coolen,
knackigen 7&7, der ihn die ganze Nacht
auf den Beinen hält.

AMBER MOON

Mord im Orient-Expreß • 1974
Beddoes / John Gielgud

1 rohes Ei
75 ml Wodka
Tabascosauce
Worcestershiresauce

Das Ei über einem Collins- oder Highballglas aufschlagen und den Wodka aufgießen. Dazu Tabasco- und Worcestershiresauce und einen Löffel zum Umrühren
reichen. Statt Wodka geht auch Whisky.
Der Drink wird schmackhafter, wenn er
gründlich durchgerührt ist.

Dieser kuriose Drink ist eine Variation des
traditionellen Katermittels Prairie Oyster,
ergänzt um Wodka, um Gleiches mit
Gleichem zu bekämpfen (was die Nach-
wirkungen des Alkohols aber nur hinaus-
schiebt). Das Trinken eines Eis oder Eigelbs
mit Spritzern von würziger Sauce und Essig
gilt als probates Hilfsmittel gegen Kater,
wobei die Nährstoffe und kräftigen Aromen
belebend auf Geist, Körper und vor allem
den Magen wirken sollen.

. . . .

In Istanbul besteigt der berühmte belgische
Privatdetektiv Hercule Poirot den Orient-
Express, um in seine Wahlheimat England
zurückzukehren. Im Zug begegnet er dem
reichen amerikanischen Geschäftsmann
Samuel Ratchett, der dem Kriminalisten
15 000 Dollar Honorar anbietet, um den
Absender einer Serie von Drohbriefen zu
demaskieren. Poirot ist nach einem anstren-
genden Auftrag nicht an einem weiteren
Fall interessiert. Als der Leibdiener Beddoes
Ratchett am Morgen tot auffindet, braucht
der schockierte Butler mehr als einen
Amber Moon, um auf Touren zu kommen.
Ein Mörder macht den Zug unsicher, und
Poirot muss ihn im Auftrag des Direktors
der Bahngesellschaft finden, ehe die
serbische Polizei kommt und indiskrete
Fragen stellt. Nur gut, dass der Zug im
Schnee feststeckt.

APPLE MARTINI

Trennung mit Hindernissen • 2006
Brooke Meyers / Jennifer Aniston

50 ml Wodka
25 ml Likör mit Apfelgeschmack
12 ml Zitronensaft
12 ml Cointreau

Alle Zutaten im Shaker auf Eis schütteln. In ein gekühltes Martiniglas gießen. Eine Cocktailkirsche mit Stiel ins Glas legen.

Der Appletini, wie er auch genannt wird, gehört zu den beliebtesten Martini-Varianten (wobei sich die Gemeinsamkeit auf die Form des Glases beschränkt, in dem das Getränk serviert wird) und war in den vergangenen 20 Jahren in zahlreichen Spielfilmen und TV-Sendungen zu sehen. In der Facebook-Zentrale avancierte er zum offiziellen Drink, nachdem Gründer Mark Zuckerberg ihn bei der Premiere des Doku-Dramas *The Social Network* probiert hatte, in dem der Cocktail ebenfalls eine Rolle spielt. Der Ursprung ist unbekannt, und die Liste der unterschiedlichen Rezepturen ist unendlich lang. Unser Rezept basiert auf einer Empfehlung der International Bartenders Association (IBA) unter Hinzufügung von Zitronensaft, damit der Drink nicht zu süß und zu schwer wird.

. . . .

Brooke versucht, die Eifersucht ihres Ex-Freundes und ehemaligen Mitbewohners zu wecken, um ihn zu zwingen, die gescheiterte Beziehung aufzuarbeiten. Ihre Freundin Addie verkuppelt sie mit Paul, einem netten, aber nerdigen Typ, der sie zum Abendessen ausführt. Paul erinnert sich an einen Ratschlag von Brookes Ex und bestellt zwei Apple Martinis, um etwas Schwung in die Konversation zu bringen. Brooke weiß um die zündende Wirkung des Drinks und bestellt sicherheitshalber ein Glas Wasser dazu.

AQUA VELVA

Zodiac – Die Spur des Killers • 2007
Robert Graysmith / Jake Gyllenhaal

20 ml Wodka
20 ml Gin
12 ml Blue Curaçao
Zitronenlimonade (z. B. 7 Up oder Sprite)

Alle Zutaten bis auf die Limonade im Shaker auf Eis schütteln. In ein mit Eis gefülltes Hurricaneglas gießen. Die Zitronenlimonade auffüllen. Mit einem Zitronenschnitz und einer Cocktailkirsche am Spieß sowie Schirmchen und Trinkhalm servieren.

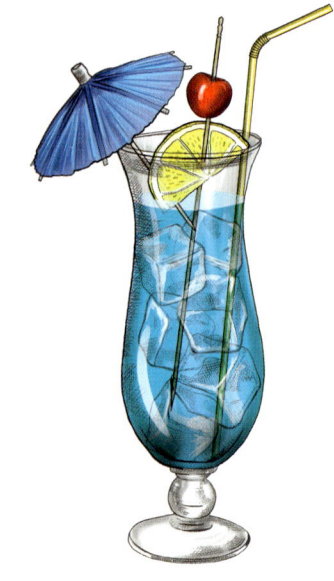

Aqua Velva ist ein beliebtes und preisgünstiges Aftershave, das seit 1917 auf dem Markt ist. Aufgrund seines hohen Alkoholgehalts wurde es angeblich während des Zweiten Weltkriegs von Matrosen als Getränk konsumiert. Wann oder wo tatsächlich ein echter Drink daraus wurde, ist nicht überliefert, aber dieser Cocktail für Anspruchslose gehört zum festen Repertoire anrüchiger Bars und wird manchmal mit einem Leuchtstab als Dekoration serviert. Die Spirituosen können auch durch Tequila oder Rum ersetzt werden, während zur Abwechslung ein frischer Minzezweig als Dekoration dient.

. . . .

Robert arbeitet als Karikaturist für eine Zeitung. Der schüchterne Künstler macht auf sich aufmerksam, als ihm die Entschlüsselung eines rätselhaften Bekennerbriefs vom berüchtigten »Zodiac-Mörder« gelingt. Als weitere Briefe eintreffen, wird Robert vom Kriminalreporter Paul auf einen Drink eingeladen. In der Bar bestellt Robert unbedarft ein leuchtend blaues Getränk – einen Aqua Velva – samt Fruchtgarnitur und Papierschirmchen. Als der erprobte Trinker Paul sich darüber lustig macht, verteidigt Robert seine Wahl: »Du würdest dich nicht darüber amüsieren, wenn du ihn probiert hättest.« Tatsächlich reicht ein Schluck, um eine anstrengende, mit Dechiffrierarbeiten verbrachte Nacht zu vergessen.

ARNOLD PALMER

Die etwas anderen Cops • 2010
Allen Gamble / Will Ferrell

100 ml Eistee
75 ml eisgekühltes Wasser
25 ml frisch gepresster Zitronensaft
12 ml Agaven- oder Zuckersirup
50 ml Bourbon (optional)

In einem hitzebeständigen Glaskrug
Teebeutel (für jede Tasse Wasser einen) mit
kochendem Wasser übergießen, für jeden
Beutel einen Löffel Zucker hinzugeben, nach
fünf Minuten die Teebeutel herausnehmen
und den Sud über Nacht kühl stellen.

Die Zutaten in ein Collinsglas geben und mit
einem Zitronenschnitz garniert servieren.

Mit Bourbon wird aus dem »Mocktail« ein
Südstaaten-Drink für Erwachsene.

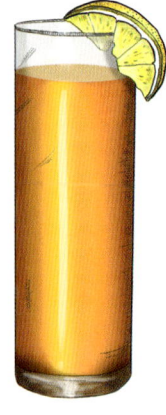

Während der Ursprung der meisten Cocktails sagenumwoben oder gar unbekannt
ist, gilt das nicht für den Arnold Palmer.
Der Namensgeber, einer der besten Profi-
Golfer aller Zeiten, weilte bis 2016 unter
uns und konnte bezeugen, dass er es war,
der den Drink kreiert und popularisiert hat.
Er bestellte nach Turnieren zur Erfrischung
»Eistee mit einem Drittel Limonade«.
Aufgrund von Palmers Bedeutung für den
Golfsport setzten Clubhäuser und Restaurants, die er frequentierte, das Getränk
bald auf die Karte und benannten es nach
dem prominenten Gast. Inzwischen geht es,
in Dosen abgefüllt, auf denen sein Gesicht
prangt, rund 500 Millionen Mal pro Jahr
über die Ladentheken der Welt.

· ·

Der Ermittler Terry ist hin und weg von
der Ehefrau seines ungleichen Partners
Allen. Sie serviert ihrem Mann jeden Tag
ein Frühstück auf Grand-Hotel-Niveau.
Terry und Allen verfolgen eine Spur:
Die Typen, die den beiden ihren Wagen
und Allens Handy geklaut haben, rufen
versehentlich Allens Ex-Freundin an. Auch
sie ist eine umwerfende Frau, wie Terry bei
den weiteren Ermittlungen herausfindet.
Wie macht Allen das nur? Das werden wir
nie erfahren, aber der aktuelle Lebens-
abschnittspartner der Traumfrau ist eine
unsympathische Flasche, die »Arnie Palmies«
anbietet und karierte Hosen trägt.

BANANA DAIQUIRI

Aus nächster Nähe • 1996
Tally Atwater / Michelle Pfeiffer

50 ml weißer Rum
25 ml frisch gepresster Limettensaft
12 ml Bananenlikör
12 ml Zuckersirup
½ geschälte Banane

Alle Zutaten im Mixgerät mit zerstoßenem Eis (etwa ein Schöpflöffel oder eine Tasse voll) vermischen. Zuerst auf niedriger, dann auf immer höherer Stufe mischen, bis ein lockeres Püree entsteht. In einem Hurricaneglas auf Eis servieren.

Wie im Kinofilm kann man diesen Drink mit einer Cocktailkirsche und einem Ananas- stück am Spieß servieren oder der individuellen Kreativität freien Lauf lassen. Unverzichtbar ist nur der Trinkhalm.

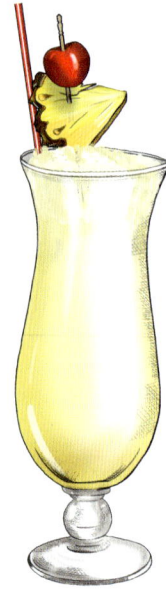

Die »Mountain Top Bar« auf Saint Thomas (eine der Amerikanischen Jungferninseln) be- ansprucht die Erfindung des Banana Daiquiri für sich. In diesem beliebten Touristentreff, Ausgangspunkt für spektakuläre Aussichts- touren ins Gebirge, wird der Drink noch immer voll Stolz serviert. Angeblich verschlug es 1953 einen britischen Schiffskapitän namens George Soule auf der Suche nach dem besten karibischen Cocktail hierher. Die ursprüngliche Version des Banana Daiquiri, auf die er beim Insel-Hopping auf Saint Thomas gestoßen war, ergänzte er um Limettensaft und selbst gemachten Bananen- likör. Das Originalrezept der »Mountain Top Bar« wird noch immer geheim gehalten.

· ·

Tally ist die Neue in der Nachrichtenredak- tion von »Channel 7« in Philadelphia und gerade aus dem Urlauberparadies Miami hierher umgezogen. Bei den Zuschauern kommt sie nicht gut an, ebensowenig bei der Moderatorin Marcia. Sie zeigt Tally die kalte Schulter. Als die beiden von den Sender- Bossen auf einen Umtrunk eingeladen werden und Tally den typischen Florida- Drink Banana Daiquiri bestellt, weckt das bei Marcia Erinnerungen an ihre Studenten- zeit und die berüchtigten Frühlingsferien in Fort Lauderdale. Es bleibt der Fantasie der Filmzuschauer überlassen, was dieses süffige Getränk dort mit ihr angestellt hat.

BAY BREEZE

Red Eye • 2005
Lisa Reisert / Rachel McAdams

50 ml Wodka
75 ml Cranberrynektar
75 ml Ananassaft

Alle Zutaten im Shaker auf Eis schütteln.
In ein mit Eis gefülltes Highballglas
gießen. Mit einem auf den Glasrand
gesteckten Limettenschnitz garniert
servieren.

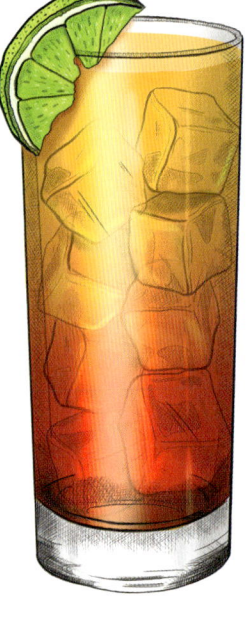

Der Bay Breeze variiert den Sea Breeze, wobei
Ananas anstelle von Grapefruit für einen
lieblichen und (beim Schütteln) schaumigen
Charakter sorgt. Die große Breeze-Familie
(zu der auch der Cape Codder zählt) stützt sich
auf die Kombination von Wodka mit Cranberrynektar, die angeblich von der einschlägigen
Anbaukooperative »Ocean Spray« in den
1940er-Jahren propagiert wurde. Der Breeze
gewann im finsteren Cocktail-Mittelalter, also
nach 1960, an Beliebtheit. Diese Ära übersüßer
und quietschbunter Drinks mit Geschmacks-
verstärkern und haltbaren Fruchtsäften kannte
weder Subtilität noch Raffinesse. Gottlob
überlebte der Bay Breeze das Massaker. Mit
hochwertigen Zutaten ist er ein ausgewogener
Drink für jede Gelegenheit.

. . . .

Lisa möchte einfach nur nach Hause, aber ihr
Flug nach Miami verspätet sich, und am Flughafen Dallas herrscht Chaos. Beim Schlangestehen
begegnet sie dem charmanten Jackson Rippner
und verbringt schließlich die Wartezeit mit ihm
in einer Bar. Mit bemerkenswert hellseherischer
Zielsicherheit erkennt er sie als Sea-Breeze-Typ,
sie besteht allerdings auf einem Bay Breeze.
Dieser scheint ihr nicht besonders zuzusagen,
also lag er wohl richtig. Während sie ihre
Drinks nehmen, deutet er scherzhaft an, ein
Mörder zu sein, aber seine durchdringenden
blauen Augen und seine einschmeichelnden
Worte wiegen Lisa in Sicherheit – bis sie
angeschnallt neben ihm im Flugzeug sitzt
und es kein Entkommen mehr gibt.

BLACK RUSSIAN

Nur 48 Stunden • 1982
Reggie Hammond /
Eddie Murphy

50 ml Wodka
25 ml Kahlúa (Kaffeelikör)

Die Zutaten in einem mit Eis gefüllten
Mixglas verrühren. In ein mit Eis gefülltes
Old-Fashioned-Glas abseihen.

Der Black Russian ist mindestens zwei
Jahrzehnte älter als sein bekannterer Cousin,
der samtige White Russian. Eine Geschichte
verlegt die Entstehung des dunklen Drinks
ins Brüsseler »Hotel Metropole«. Angeblich
kreierte der Barkeeper Gustave Tops den
Cocktail dort Ende der 1940er-Jahre anlässlich eines Besuchs von Perle Mesta, der
amerikanischen Botschafterin in Luxemburg.
(Mesta selbst konsumierte aus religiösen
Gründen allerdings keinen Alkohol.) Zu den
bekanntesten Varianten zählen der Dirty
Black Russian im Highballglas, bei dem mit
Cola aufgegossen wird; der Irish Russian, bei
dem man das Gleiche mit Guinness macht;
und der Mudslide mit Baileys Irish Cream.
Die Entstehung des Espresso Martini Ende
der 1980er-Jahre (mit Zugabe von Espresso
und ohne Eis serviert) wurde höchstwahr-
scheinlich von der himmlischen Kombination
aus Kaffee und Wodka inspiriert.

Reggie hat ganze 48 Stunden Freigang
bekommen, um mit seinem neuen Partner,
dem Polizisten Jack, einen schwer bewaff-
neten Mörder zu stellen. Ihre Suche führt
sie ins »Torchy's«, eine Bar, in der es von
Rednecks mit Cowboyhüten und Konföde-
riertenflaggen nur so wimmelt. Das ist nicht
gerade Reggies Komfortzone, also bestellt er
einen Drink zur Beruhigung der flatternden
Nerven – etwas mit Wodka. Der Barkeeper
meint, dass ein Black Russian am besten zu
Reggie passe. Dieser spart nicht mit Kompli-
menten zum speziellen Humor des Barkeepers, will aber lieber einen Wodka pur haben.
Das Schnapsglas schleudert er in den Bar-
spiegel und mischt danach den Laden
gründlich auf. Dabei geht er nicht zimperlich
mit den Grobianen im Lokal um, weil er
Antworten auf seine Fragen will.

BLOODY MARY

Fletch – Der Troublemaker • 1985
Irwin »Fletch« Fletcher / Chevy Chase

38 ml Wodka
75 ml Tomatensaft
12 ml Zitronensaft
3 Dashes Worcestershiresauce
6 Tropfen Tabascosauce
2 Prisen frischer Pfeffer aus der Mühle
1 Prise Selleriesalz

Alle Zutaten mindestens 30 Sekunden
sanft im Shaker auf Eis schütteln. In ein
mit Eis gefülltes Highballglas gießen.
Mit einem Sellerie-Stick
mit Blattgrün
garnieren.

Woher die Bloody Mary kommt, ist umstritten,
aber die Kombination Wodka und Tomatensaft
erlangte ihre Beliebtheit nach 1920, als der
Komiker George Jessel das Getränk regelmäßig
im berühmten »21 Club« in New York bestellte.
Der gefeierte Barkeeper Fernand Petiot aus
»Harry's New York Bar« in Paris nahm für sich
in Anspruch, diese simple Mixtur zur modernen Bloody Mary weiterentwickelt zu haben:
eine Kreation mit »vier reichlichen Dashes Salz,
zwei Dashes schwarzem Pfeffer, zwei Dashes
Cayennepfeffer, einer Lage Worcestershiresauce
und einem Dash Zitronensaft«. Diesen Cocktail
servierte er in seiner Bar, zu deren Stammgästen Prominente wie Ernest Hemingway,
Humphrey Bogart und Coco Chanel zählten.

· ·

Fletch will mehr über das Angebot erfahren,
das ihm Alan Stanwick gerade gemacht hat:
50 000 Dollar für das Vergnügen, den Millionär
im eigenen Heim durch einen inszenierten
Mord vom schleichenden und schmerzhaften
Krebsleiden zu erlösen, was die Familie
obendrein in die Lage versetzen würde, die
Lebensversicherungssumme zu kassieren. Für
seine Nachforschungen schleicht sich Fletch
an einem heißen Tag als Spieler verkleidet in
einen Tennisklub ein, um Stanwicks Ehefrau
näher kennenzulernen. Als der Kellner nach
seiner Mitgliedskarte fragt, gibt Fletch vor,
von den Underhills eingeladen zu sein. Diesem
hochnäsigen Ehepaar gönnt man es, wenn ihm
eine Bloody Mary und zwei Steak-Sandwiches
auf die Rechnung gesetzt werden.

BRANDY ALEXANDER

Two Lovers • 2008
Leonard Kraditor / Joaquin Phoenix

50 ml Brandy
50 ml Crème de Cacao
50 ml fettreduzierte Sahne

Alle Zutaten im Shaker auf Eis schütteln. In ein gekühltes Martiniglas oder – wie im Film – in einen Weinbrandschwenker abseihen.

Dieser üppig-samtige Drink hat viele Väter. Angeblich wurde die Urfassung mit Gin zu Ehren des russischen Zaren Alexander II. kreiert. Andere behaupten, ein Barkeeper namens Troy Alexander vom »Rector's« in New York habe ihn für einen Themenabend erdacht, an dem nur weiße Drinks serviert werden durften. Erstmals gedruckt erschien das Rezept in Patrick Gavin Duffys *The Official Mixer's Manual* 1934, in dem die Varianten mit Gin oder Brandy als »Alexander« bzw. »Alexander Nr. 2« erscheinen. Aus dem Buch von Duffy stammt auch die Anleitung für »Alexander's Sister« mit Crème de Menthe anstelle von Crème de Cacao.

. . . .

Leonard ist ein junger, emotional labiler Fotograf. Die tägliche Arbeit in der elterlichen chemischen Reinigung ist nicht gerade glamourös. In kurzer Folge lernt er zwei schöne Frauen kennen. Eine der beiden, Michelle, ist blond, mondän, aber unerreichbar, weil sie in Ronald verschossen ist, ein erfolgreicher Anwalt und ihr Vorgesetzter. Leonard und die beiden Frauen verabreden sich zu einem Abendessen. Als der verlegene Leonard in einem piekfeinen New Yorker Restaurant auf beide wartet und der Getränkekellner vor ihm steht, erinnert er sich an Ronalds Favoriten – den Brandy Alexander. Dieser verliert allerdings viel von seiner vornehmen Aura, als Leonard ihn nervös durch einen Trinkhalm zu schlürfen beginnt.

BRONX

Der dünne Mann • 1934
Nick Charles / William Powell

38 ml Gin
19 ml lieblicher Wermut
19 ml trockener Wermut
¼ Orange

Eis, Gin und die Wermuts in den Shaker
geben. Den Saft des Orangenstücks
darüber auspressen. Alles schütteln.
In eine gekühlte Cocktailschale abseihen.
Mit einem Zitronenschnitz und einer
Cocktailkirsche am Spieß servieren.

Der Bronx ist eng mit dem Martini verwandt
und wohl nach 1900 entstanden. Er gilt als
frühester Cocktail mit Fruchtsaft. Unser Rezept
stammt aus Patrick Gavin Duffys *The Official
Mixer's Manual*, das im selben Jahr erschien,
als *Der dünne Mann* auf die Leinwand kam.
Bei Duffy gibt es die Variante »Dry Bronx«,
für die eine Scheibe Ananas mit dem Stößel
zerdrückt wird. Das klassische Rezept unterscheidet sich von der aktuellen Empfehlung
der International Bartenders Association
durch einen etwas höheren Anteil von
trockenem Wermut.

Über die Erfindung des Drinks kursieren
zwei Geschichten, die beide zu Beginn des
20. Jahrhunderts spielen. Die eine nennt
den Barkeeper Johnnie Solan (oder Solon)
im New Yorker »Waldorf Astoria« als Erfinder
aufgrund einer Wette, während Joseph S.
Sormani den Cocktail in Philadelphia ent-
deckt haben will (so behauptet es jedenfalls
sein Nachruf in der *New York Times*). Welche
Version wahr ist, werden wir nie erfahren,
möglicherweise haben beide nur die Erfindung des jeweils anderen für sich reklamiert.

．．

Der berühmte Detektiv Nick Charles und
seine Frau Nora feiern die Heimkehr nach
New York. Seit ihrem Umzug nach San
Francisco vor einiger Zeit haben beide die
alten Bekannten vermisst, außerdem die
Stammbars, wo einen die Kellner kennen.
Nick ist als erprobter Trinker Experte für
Mixgetränke. Er erklärt den aufmerksam
lauschenden Barkeepern, das Geheimnis des
erfolgreichen Mixens läge im Rhythmus beim
Schütteln: beim Manhattan ein Foxtrott,
beim Dry Martini ein Walzer und beim Bronx
ein Two-Step. Spielt das wirklich eine Rolle?
Probieren Sie es selbst aus.

CHAMPAGNE CUP

Grand Budapest Hotel • 2014
Monsieur Gustave / Ralph Fiennes

25 ml Brandy
12 ml Orangenlikör
1 TL Maraschinokirsch-Sirup
Champagner

Alle Zutaten bis auf den Champagner in einem mit Eis gefüllten Mixglas verrühren. In eine Champagnerschale abseihen. Mit Champagner aufgießen und mit einer Cocktailkirsche servieren.

»Cups« mit Champagner oder Rotwein finden sich bereits in den frühesten Anleitungen zur Cocktailzubereitung. In Jerry Thomas' *How to Mix Drinks* von 1862 würdigt der Autor den Cup als ausgezeichnet und bezeichnet ihn als »Zaren-Nektar«, weil er in der russischen Aristokratie enorm beliebt sei. Thomas' Rezept enthält mehr pflanzliche Zutaten als bei uns, ein wenig Sherry und etwas, was er »Himbeer-Ratafia« nennt – darunter versteht er Früchte, die mit Alkohol und Zucker angesetzt worden sind. Für unsere Zwecke eignen sich am besten der Sirup, in dem Maraschinokirschen eingelegt sind, oder ein Likör wie Chambord.

Nach einer abenteuerlichen Flucht aus dem Gefängnis, verfolgt von Polizei, Armee und skrupellosen Kriminellen, gelingt es Monsieur Gustave endlich, seine Unschuld zu beweisen. Er kehrt an die Stätte seines Wirkens zurück, das geliebte »Grand Budapest Hotel«. Er entspannt sich von den erlittenen Strapazen an der Bar mit einem Champagne Cup in Gesellschaft der reichen älteren Damen, für die er eine Schwäche hat. Sein Lehrling und Leidensgefährte Zero wird seine Stellung als Concierge übernehmen und das Erbe des vermögenden Chefs antreten. Auch er wird dem Hotel, diesem liebenswerten Relikt einer längst vergangenen Ära, ein Leben lang die Treue halten.

Champagne Cup

COSMOPOLITAN

Sex and the City • 2008
Carrie Bradshaw / Sarah Jessica Parker

38 ml Wodka
25 ml Triple Sec
25 ml frisch gepresster Limettensaft
50 ml Cranberrynektar
1 Dash Orangenbitter

Alle Zutaten im Shaker auf Eis schütteln.
Vorsichtig in ein gekühltes Martiniglas
abseihen. Mit einem (flambierten)
Orangentwist garnieren.

Die Ursprünge des »Cosmo« liegen in der
zweiten Hälfte der 1980er-Jahre. Mag die
Urheberschaft auch umstritten sein – die
Beliebtheit ist ungebrochen. Sein Reiz
erschließt sich nämlich auch jenen, die nicht
gewohnheitsmäßig Cocktails konsumieren.
Gleichzeitig verfügt er über genügend aro-
matischen Tiefgang, um selbst den Ansprü-
chen verwöhnter Gaumen zu genügen. Dank
der häufigen Auftritte in *Sex and the City* als
Lieblingsdrink der Freundinnen nahmen ihn
in den 1990er-Jahren viele Bars in ihr Repertoire auf, was seinen Ruf als moderner
Klassiker begründete.

Mit ihren mehr oder weniger leidvollen
Erfahrungen in Liebesdingen im Gepäck
treffen sich die Freundinnen zur Feier von
Samanthas Fünfzigstem. Der runde Geburtstag wird im trendigen Meatpacking District
in einer Bar begangen, die Treffpunkt aller
hippen New Yorker ist. Die Mädels nippen
an ihrem Markenzeichen, dem Cosmopolitan, und dieses einzigartige Ensemble von
Aromen weckt Erinnerungen an den Spaß
und die Freiheit, aber auch die Unsicherheit
und Ungewissheit vergangener Zeiten.
Sie sind jetzt lebensklüger und wohl auch
glücklicher. Als Miranda die Frage stellt,
woran es lag, dass die Truppe irgendwann
auf ihre geliebten Cosmos verzichtete, bringt
Carrie es auf den Punkt: Weil alle anderen
damit angefangen haben, ihn zu trinken.

DAIQUIRI

Unser Mann in Havanna • 1959
Jim Wormold / Alec Guinness

62 ml weißer Rum
19 ml Limettenkonzentrat
12 ml Zuckersirup

Alle Zutaten im Shaker auf Eis schütteln.
In eine gekühlte Cocktailschale abseihen.
Mit einer schwimmenden Limettenscheibe
servieren.

Vom Daiquiri weiß man ausnahmsweise
gewiss, wo er herkommt, nämlich aus
Daiquirí auf Kuba. Amerikanische Bergbau-
ingenieure, die in einer nahe gelegenen
Eisenerzmine arbeiteten, machten im
19. Jahrhundert das Beste aus dem, was der
Ort zu bieten hatte – Limetten, Rohrzucker
und Rum –, und schufen so einen beliebten
Klassiker. Frühe Mixanleitungen verringer-
ten den Anteil von Zuckersirup zugunsten
von Grenadine oder ersetzten ihn ganz
damit. Heute gibt es unzählige Varianten
mit unterschiedlichen Mischungsverhält-
nissen von 8:2:1 (nach Embury) über
den Countdown (3:2:1) bis hin zum
Hemingway-Daiquiri, der im »La Floridita«
in Havanna für den Schriftsteller kreiert
wurde, mit 25 ml Maraschinolikör und
20 ml Grapefruitsaft.

. . . .

Jim lebt seit 15 Jahren in Havanna. Trotz
seines unverkennbar englischen Habitus
fühlt er sich als Einheimischer. Seine
Tochter Milly macht ihm das Leben schwer
und seine Staubsaugervertretung läuft nicht
besonders gut. In diesen schwierigen Zeiten
schätzt er die kubanischen Bars, wo er wie
andere Expats Daiquiris, mal geschüttelt,
mal als Slush, konsumiert. In seiner Lieb-
lingskneipe wird er von einem mysteriösen
britischen Gentleman angesprochen, der
ihm einen unerwarteten Vorschlag macht.
Wird Jim darauf eingehen?

DIRTY MARTINI

Iron Man 2 • 2010
Natalie Rushman (Natasha Romanoff) / Scarlett Johansson

50 ml Gin
12 ml trockener Wermut
6 ml Olivenlake

Alle Zutaten im Shaker auf Eis schütteln. Vorsichtig in ein gekühltes Martiniglas abseihen. Mit einem schmalen Zitronentwist servieren.

Die Existenz des Dirty Martini verdanken wir wohl dem kleinen Malheur, dass die Lake aus einem Olivenglas versehentlich in Wermut gelangte. Gerüchten zufolge kurierten russische Trinker mit dieser Mischung ihren Kater (oder glaubten es wenigstens). Andere schreiben die Kreation dem US-Präsidenten Franklin D. Roosevelt zu, der seine Gäste an der heimischen Bar gerne mit gewagten Experimenten überraschte. Bei gedankenloser Zubereitung schmeckt der Dirty Martini tatsächlich abscheulich, besonders wenn die Oliven nicht in Lake, sondern in Öl oder in einer Mischung aus beidem eingelegt waren.

. . . .

Tony Stark trägt seit einer schweren Verletzung einen kleinen Reaktor in seiner Brust. Das Palladium darin vergiftet langsam sein Blut. Ein zufälliges Treffen mit dem skrupellosen Physiker Ivan Vanko in Monaco hat Tony gerade so überlebt. Die nächste Geburtstagsfeier könnte seine letzte sein. Bei den Vorbereitungen für die Party zaubert ihm seine atemberaubende Assistentin Natalie einen Martini aus dem Shaker, der es in sich hat. Verführerisch fragt sie ihren Chef, ob der Drink »schmutzig« genug sei, während ihn düstere Todesahnungen plagen. Wie wird er seinen vermutlich letzten Geburtstag begehen? Er wagt natürlich ein Tänzchen in seiner Iron-Man-Rüstung!

Dirty Martini

DRY MARTINI

Nach Büroschluss – Elf Uhr 20 Mordalarm • 1935
Jim Branch / Clark Gable

62 ml Gin
12 ml trockener Wermut

Alle Zutaten etwa 30 Sekunden in einem
mit Eis gefüllten Mixglas verrühren.
In ein gekühltes Martiniglas abseihen.
Einen schmalen Streifen Zitronenschale
abschälen, diesen der Länge nach gefaltet
über dem Drink ausdrücken, um die
ätherischen Öle freizusetzen. Mit der Zeste
den Glasrand einreiben, diese spiralförmig
verdrehen und in den Drink legen.

Eine Konstante in der Cocktail-Evolution
seit dem 19. Jahrhundert ist die Tendenz
zum stets trockeneren Martini. Im *Bartender's Manual* von Harry Johnson aus dem
Jahr 1882 wird das Mischungsverhältnis von
Gin zu trockenem Wermut mit 1 : 1 angege-
ben. In Patrick Gavin Duffys *Official Mixer's
Manual* von 1934 liegt es bereits bei 2 : 1.
David Emburys Klassiker *The Fine Art of
Mixing Drinks* von 1948 empfiehlt 7 : 1,
räumt aber ein, dass das Verhältnis nach
Geschmack variiert werden kann. In der
trockensten Variante liegt es bei 10 : 1, wobei
das Glas dann nur noch mit Wermut ausgespült wird, den man dann in die Flasche
zurück schüttet. Oder man versprüht mit
einem Zerstäuber etwas Wermut über dem
Gin mit Eis.

Der energiegeladene und charmante Zei-
tungsredakteur Jim ist stets an einer Story
dran. Während der Recherche über eine
Dreiecksbeziehung in besseren Kreisen wird
einer der Beteiligten ermordet. Die Bericht-
erstattung schlägt ins Pikante um. Sharon
wurde gerade als Konzertkritikerin von Jim
gefeuert. Sie, das Society-Girl, könnte ihm
aber den Weg nach ganz oben ebnen – auch
zum Mörder. Während Jim Sharon den Hof
macht und mit ihr in Edeltreffs an Dry Martinis nippt, begreift er, dass er sich gerade
Hals über Kopf in sie verliebt. Kann er sich
überhaupt noch auf den Kriminalfall konzentrieren?

DUBONNET COCKTAIL

Tootsie • 1982
Michael Dorsey (Dorothy Michaels) / Dustin Hoffman

50 ml Dubonnet Rouge
50 ml Gin
1 Dash Orangenbitter

Alle Zutaten im Shaker auf Eis schütteln.
In ein gekühltes Martiniglas abseihen.
Einen schmalen Streifen Zitronenschale
abschälen, diesen der Länge nach gefaltet
über dem Drink ausdrücken, um die
ätherischen Öle freizusetzen. Die Zeste
spiralförmig verdrehen und in den Drink
legen.

Dubonnet ist ein leicht bitterer Aperitif auf
Basis von Mistelle, einem Likörwein, aromatisiert mit Chinarinde und Kräutern. Das Rezept
wurde 1846 vom Fabrikanten Joseph Dubonnet als bekömmliche Variante eines bestehen-
den Tonikums zur Malariaprophylaxe für die
französischen Truppen in Nordafrika entwickelt. Der Dubonnet Cocktail machte zu
Beginn des 20. Jahrhunderts seine Aufwar-
tung. Bekannt wurde er als Lieblingsdrink
der englischen Königinmutter und der Ober-
schicht, die das Mixgetränk von Ferienauf-
enthalten in Südfrankreich kannte. Der
Dubonnet Cocktail ist noch immer der bevorzugte Mittagsaperitif von Königin Elisa-
beth II. – serviert mit viel Gin im Rocksglas
und dem Zitronentwist unter den Eiswürfeln.

....

Der Schauspieler Michael Dorsey ist frustriert.
Angesichts ausbleibender Angebote geht er
ein großes Wagnis ein – er verkleidet sich
als Frau und zieht einen Traumjob in einer
Seifenoper an Land. Weil er zum Casting als
Dorothy Michaels angetreten ist, muss er
diese Rolle aber immer weiter spielen und ein
Doppelleben führen. Er besucht den berühmten »Russian Tea Room« in Manhattan, wo
sein Agent George regelmäßig zu Mittag
speist. Michael will ihn anpumpen, um die
dringend benötigte neue Damengarderobe
bezahlen zu können. George erkennt seinen
Klienten nicht, bis dieser sich ihm offenbart
und einen »Dubonnet mit einem Twist«
bestellt.

EGG NOG

Die schreckliche Wahrheit • 1937
Jerry Warriner / Cary Grant

75 ml Milch
50 ml Crème Double
1 Dash Vanilleextrakt
1 Prise gemahlener Zimt
1 Ei
25 ml Zuckersirup
50 ml schwarzer Rum oder Bourbon

Milch, Sahne und Gewürze im Topf erhitzen (nicht kochen!). Eigelb und Zuckersirup mit dem Schneebesen aufschlagen und langsam unter Rühren zur Milchmischung geben. Diese vier Minuten bei mittlerer Hitze weiter rühren. In einen Glasbehälter umfüllen, abkühlen lassen. Den Alkohol dazugeben und über Nacht kühl stellen. In einem Collinsglas mit etwas frisch geriebener Muskatnuss servieren.

Weihnachten ohne Eierpunsch ist in Nordamerika undenkbar. Im Mutterland England trank man im Mittelalter *Posset*, mit Spezereien gekochte Milch, die mit Ale oder Wein zur Gerinnung gebracht wurde. Mit Eiern und Spirituosen entstand daraus der Egg Nog. In Amerika reicht dessen Geschichte bis ins 18. Jahrhundert zurück, zubereitet wahlweise mit karibischem Rum oder Bourbon aus den Südstaaten, je nachdem, was gerade verfügbar war. Beide Basisalkohole sorgen gleichermaßen für ein wohlig warmes Gefühl ums Herz.

. . . .

Jerry ist angeblich zu einem zweiwöchigen Aufenthalt nach Florida aufgebrochen, aber tatsächlich in New York geblieben. Aus dem Traum vom ungestörten Blaumachen im Big Apple wird allerdings nichts, denn Jerry findet heraus, dass sich der aalglatte Stimmtrainer Armand an seine Ehefrau heranmacht. Das Misstrauen zwischen den Partnern schlägt hohe Wellen, eine Scheidung scheint nicht mehr ausgeschlossen. Aus einer großen silbernen Punschschüssel serviert Jerry Egg Nog – ein verlässliches gesellschaftliches Schmier- und Bindemittel für jede Situation, auch wenn sie peinlich ist. Alle Anwesenden, inklusive des Nebenbuhlers, machen sich mit Vergnügen über den Punsch her.

FEUERZANGENBOWLE

Ist das Leben nicht schön? • 1946
Schutzengel Clarence / Henry Travers

100 g Gewürznelken
6 Orangen
½ Flasche Aged Rum
½ Flasche Cognac
130 g Zucker
2 Prisen Zimt
2 Prisen frisch geriebene Muskatnuss
500 ml erwärmter naturtrüber Apfelsaft
1300 ml Orangensaft
150 ml Zitronensaft

Die mit Gewürznelken gespickten Orangen 30 Minuten bei mittlerer Hitze in den Backofen legen. In eine Punschschüssel legen, mit Rum und Cognac begießen und den Zucker dazugeben. Den Alkohol entzünden und die Gewürze in die Flammen streuen. Nach 20 Sekunden nacheinander langsam mit Apfelsaft, 400 ml heißem Wasser und den Zitrussäften aufgießen, bis die Flammen verlöschen. In Teegläser schöpfen und mit frisch geriebener Muskatnuss bestreuen.

Punsch gibt es so lange wie die Spirituosen, mit denen wir ihn zubereiten. Vermutlich waren es britische Seeleute, die das Getränk im 17. Jahrhundert aus Indien ins Abendland brachten. Pate stand das Hindiwort *panch* für »fünf«, das sich auf die fünf wichtigsten Zutaten (Spirituosen, Früchte, Wasser, Zucker und Gewürze) bezog. Ursprünglich verwendete man im Westen Wein oder Brandy, bis sich karibischer Rum als bevorzugter Basisalkohol etablierte. In unserem Rezept teilen sich Rum und Cognac diese Aufgabe, weil sie dem heiß servierten Getränk erst sein reiches und feuriges Aroma verleihen. In düsteren Kaschemmen kredenzte man früher Punsch, nachdem man ihn durch das Eintauchen eines glühenden Schürhakens erhitzt hatte.

· ·

Anstatt sich selbst in den Fluss zu stürzen, rettet George einen älteren Herrn aus den Fluten. Dieser entpuppt sich als sein Schutzengel Clarence, der dem lebensmüden George vor Augen führt, wie seine Heimatstadt Bedford Falls aussähe, wenn es George niemals gegeben hätte. Die Stadt wäre in die Hände des skrupellosen Spekulanten Potter gefallen. Während ihres Aufenthalts in diesem Paralleluniversum besuchen sie eine schummrige Bar. Clarence, rüstige 292 Jahre alt, bestellt, was er am besten kennt – eine Feuerzangenbowle. Das weckt kurzzeitig die Lebensgeister der durchnässten und ausgekühlten Männer, bis sie sich wieder dem bitterkalten Winterwetter draußen stellen müssen.

FRENCH 75

Casablanca • 1942
Rick Blaine / Humphrey Bogart

38 ml Gin
12 ml Zitronensaft
6 ml Zuckersirup
Champagner

Alle Zutaten bis auf den Champagner im Shaker auf Eis schütteln. In eine Champagnerschale abgießen und langsam mit Champagner auffüllen. Mit einem über den Glasrand drapierten Zitronentwist servieren.

Um den French 75 rankt sich die Legende, dass britische Soldaten im Ersten Weltkrieg in Frankreich mischten, was sie hatten – London Gin aus der Heimat und Champagner aus der Gegend, in der sie stationiert waren. Daraus entstand ein schlagkräftiger Mix, der nach dem Kaliber 75 des berühmten französischen Artilleriegeschützes M1897 getauft wurde. Von den verwüsteten Kriegsschauplätzen gelangte der Drink nach Amerika, wo er während der Prohibition (1920–1933) bei Barkeepern großen Anklang fand. Zu Handbuchehren kam der French 75 erstmals in *Harry's ABC of Mixing Cocktails* von Harry MacElhone (dem berühmten Namensgeber von »Harry's New York Bar« in Paris), ehe er sich zum modernen Klassiker entwickelte.

. . . .

Irgendwann findet jeder den Weg in Ricks »Café Américain«: Soldaten, Politiker, Flüchtlinge, Spieler, Nazis und Versprengte wie Cafébesitzer Rick. Während der Zweite Weltkrieg Europa überrollt, ist dieser Teil von Nordafrika Zufluchtsort, aber auch Endstation für Heimatlose, die zurückwollen, aber nicht können. In Ricks Oase vergisst man für kurze Zeit, dass die Welt ringsum aus den Fugen geraten ist. Begleitet von Jazzklängen, ruhen bei Wein, harten Drinks und Cocktails zeitweilig alle Auseinandersetzungen. Als Rick nach seiner Nationalität gefragt wird, antwortet er »Trinker«. Das qualifiziert ihn in den Augen seines Gastes Capitaine Renault als »Weltbürger«.

GIBSON

Alles über Eva • 1950
Margo Channing / Bette Davis

42 ml Gin
8 ml trockener Wermut

Alle Zutaten in einem mit Eis gefüllten
Mixglas verrühren. In ein gekühltes
Martiniglas abseihen. Mit einer
Cocktailzwiebel am Spieß und/oder
einem über den Glasrand drapierten
Zitronentwist servieren.

Dieses Rezept stammt aus *Esquire's Hand-
book for Hosts*, das 1954 erschien. Seither
blieb es unverändert. Im Grunde handelt es
sich um einen sehr trockenen Martini, der
mit einer Cocktailzwiebel garniert ist.
Vermutlich entstand der Gibson zu Beginn
des 20. Jahrhunderts, Genaueres ist unbekannt. Eine Entstehungsgeschichte dreht
sich um einen Abstinenzler, der ein Cocktailglas mit Wasser orderte, um unter den
übrigen Barbesuchern nicht aufzufallen
(und trotzdem nüchtern zu bleiben). Die
Cocktailzwiebel half dabei, eine Verwechslung zu vermeiden. Die Wahrheit ist wohl,
dass die auffällige Garnitur den sehr
trockenen Martini von den übrigen, eher
»nass« gemixten Martinis abheben sollte,
die zu gleichen Teilen Wermut und Gin
enthielten. Der Siegeszug des trockenen
Martini hat dazu geführt, dass sich ein
Gibson vom Dry Martini fast nur noch
durch die Zwiebel unterscheidet.

. . . .

Eve ist so besessen vom gefeierten Bühnen-
star Margo, dass sie sich in deren Umfeld
einschleicht. Margos Misstrauen gegenüber
ihrer neuen Assistentin erwacht erst, als sie
erkennt, dass Eves charmante Bescheiden-
heit nur vorgeschützt ist: Die Trittbrett-
fahrerin will ihr Idol von der Spitze der
Unterhaltungsbranche verdrängen. Während
eines Fests verfällt Margo in Selbstmitleid,
weil sie sich wie ein verblassender Stern
fühlt, der in seiner Galaxie von jüngeren
überstrahlt wird. Sie tröstet sich mit
mehreren Gibsons, »um ihren Leichnam
einzubalsamieren«, wie sie sagt, und fordert
den Pianisten auf, Liszts schwermütigen
Liebestraum noch ein fünftes Mal zu
spielen.

Gibson

GIMLET

Schnee am Kilimandscharo • 1952
Harry Street / Gregory Peck

38 ml Gin
12 ml Lime Juice Cordial

Alle Zutaten in einem mit Eis gefüllten Mixglas verrühren. In ein gekühltes Martiniglas abseihen. Mit einem auf den Glasrand gesteckten Limettenschnitz garnieren.

Dieser denkbar simple Drink entstand nach 1920. Heute wird er oft mit Sodawasser und Zucker gemixt. Das Original bestand eigentlich nur zu gleichen Teilen aus den beiden genannten Zutaten. Mit der Zeit wurde das Getränk eher trocken, also mit mehr Gin, zubereitet. Der Vodka Gimlet gewann am Übergang zum neuen Millennium an Beliebtheit, gerät aber angesichts der Gin-Renaissance wieder ins Hintertreffen. Wem der Gimlet seinen Namen verdankt, ist unbekannt, aber das Wort bezeichnet im Englischen einen Handbohrer – vielleicht ganz passend für einen Drink mit so stechendem Aroma. Der trockene Gin und die Säure der Limetten erwischen jeden Unbefangenen auf dem falschen Fuß.

Harry Street sieht in den heißen und staubigen Ebenen von Tansania dem Tod ins Auge, weil sich die von einem Dorn verursachte Stichwunde gefährlich infiziert hat. Ans Bett gefesselt, gepflegt von seiner Ehefrau Helen, lässt er sein Leben als Schriftsteller Revue passieren. Seine Erfolge erscheinen ihm nun hohl und sinnlos. Harry erinnert sich an Paris, wo er Cynthia Green traf, mit ihr Gimlets trank, ihr den Hof machte und sie sich in ihn verliebte. Trotz ihrer Armut war das gemeinsame Leben dort erfüllt, ehe Harrys Fernweh ihn nach Afrika trieb, weg von der wahren Liebe seines Lebens.

Gimlet

GIN ALEXANDER

Weiße Weihnachten • 1954
Bob Wallace / Bing Crosby

38 ml Dry Gin
19 ml Crème de Cacao
19 ml Sahne
¼ Eiweiß

Alle Zutaten im Shaker auf Eis
kräftig schütteln. In eine gekühlte
Champagnerschale gießen, wobei
sich reichlich Schaum aufbauen sollte.
Mit frisch geriebener Muskatnuss
bestreuen.

Der Alexander-Cocktail gehört einer
überaus variantenreichen Drinkfamilie an,
bei der Spirituosen mit Sahne und Eis (auch
mit Crème de Cacao) gemixt werden. Das
Resultat besitzt praktisch immer Dessert-
charakter. Wir setzen hier noch einen drauf:
Durch Hinzufügen von Eiweiß erhalten wir
einen fluffigen, baiserartigen Drink, wie
er in der Speisewagenszene aus diesem
Weihnachtsklassiker serviert wird. Während
man diesen Cocktail üblicherweise mit
Brandy als Basisalkohol kennt, ist die
Gin-Variante bedeutend älter und darf als
Ursprungsrezept angesehen werden. Seit
Beginn des 20. Jahrhunderts ist die Brandy-
Variante als Alexander No. 2 bekannt.

....

Phil hat seinem Vorgesetzten Bob im
Zweiten Weltkrieg das Leben gerettet.
Seither sind beide unzertrennlich. Ihre
Broadway-Auftritte sind Stadtgespräch in
New York. Während beruflich alles auf
Hochtouren läuft, herrscht an der Bezie-
hungsfront Stille. Die Suche nach frischen
Talenten für ihre Show führt die Partner
nach Florida, wo sie in einem Club ein Duo,
die Haynes Sisters, kennenlernen. Phil wittert
die Chance, seinen Partner zu verkuppeln.
Die reizenden Schwestern haben für die
Weihnachtsferien ein Engagement in einem
Hotel in Vermont. Ehe sie am folgenden Tag
nach Norden aufbrechen, droht ihnen
jedoch die Verhaftung durch den örtlichen
Sheriff wegen eines Disputs mit ihrem
Vermieter. Phil verhilft den beiden zur
Flucht und schenkt ihnen seine und Bobs
Zugfahrkarten. Alle vier begegnen sich im
Speisewagen wieder. Bob lässt sich wider-
willig darauf ein, die Schwestern nach Pine
Tree zu begleiten, wo alle ein unvergessli-
ches Weihnachtsfest erwartet.

GRASSHOPPER

Auf der Jagd nach dem grünen Diamanten • 1984
Joan Wilder / Kathleen Turner

25 ml Crème de Menthe
25 ml Crème de Cacao
25 ml fettreduzierte Sahne

Alle Zutaten im Shaker auf Eis schütteln. In ein gekühltes California-Cocktailglas abseihen.

Dieses Dessertgetränk wurde angeblich von Philip Guichet kreiert, dem Besitzer des »Tujague's«, ein kreolisches Lokal im Herzen des French Quarter von New Orleans. Bei einem Wettbewerb für Barkeeper in New York errang der Drink den zweiten Preis. Guichet setzte ihn nach diesem Erfolg um 1919 auf die Karte seines Lokals. In den Südstaaten erfreute sich der Grasshopper wachsender Beliebtheit, sowohl als Milchshake wie als alkoholisches Dessert, wobei unterschiedliche Mengen von Eiscreme die Sahne ersetzen können und der Drink geschlagen oder im Mixgerät zubereitet wird.

. . . .

Joan schreibt zwar Liebesromane, aber privat ist die Einsamkeit ihr treuester Begleiter. Sie wohnt allein mit ihrer Katze, und irgendwie gelingt es ihr nie, den richtigen Mann zu finden. Die meisten Männer in New York findet sie abstoßend, egozentrisch oder einfach nur schräg. Auch bei einem gemeinsamen Barbesuch mit ihrer Lektorin fällt die Bestandsaufnahme ernüchternd aus. Während Joan ihr Liebesleid in Grasshoppers zu ertränken versucht, fällt ihre Schwester in Kolumbien einer Entführung zum Opfer. Es ist Joan, die den Schlüssel zu ihrer Befreiung in Händen hält.

GREEN CRÈME DE MENTHE FRAPPÉ

Funny Girl • 1968
Fanny Brice / Barbra Streisand

50 ml grüne Crème de Menthe
fein zerstoßenes Eis

Champagnerflöte oder California-
Cocktailglas mit Rasureis (mit einer Reibe
vom Block gehobeltes Eis) oder mit fein
zerstoßenen Eiswürfeln (mit dem Stößel
in einem sauberen Geschirrtuch) füllen.
Crème de Menthe über das Eis träufeln.

Crème de Menthe ist ein französischer
Likör. (Wie könnte es mit *dem* Namen auch
anders sein?) Korsische Minze zieht
mehrere Wochen in Getreidebrand, das
Endprodukt entsteht durch Filterung und
Aufsüßen. Heute ist der Likör kaum noch
gefragt: Assoziationen von wunderlichen
alten Damen und altmodischen Likör-
kabinetten in angestaubten Vorstadt-Wohn-
zimmern drängen sich auf. In klassischen
Cocktails wie dem Grasshopper und dem
Stinger ist Crème de Menthe allerdings
unverzichtbar. Diese Zubereitung wirkt
wie ein feuchtfröhlicher Slushie mit
Minzgeschmack. Er funktioniert genauso
mit Eiscreme, entweder als Affogato oder
zum dickflüssigen Shake geschlagen.

Das Ziegfeld-Girl Fanny wartet auf dem
Bahnsteig auf ihren Zug nach Chicago, als
ihr ein Bukett voll wundervoller Rosen mit
einer Nachricht von ihrem Liebhaber Nick
überreicht wird. Kurz entschlossen besteigt
sie hastig den Zug nach New York, wo sie
auf einem Schlepper den Ozeandampfer
einholt, auf dem Nick nach Europa abge-
fahren ist. Er kann kaum glauben, dass sie
ihm gefolgt ist. Im prächtigen Speisesaal
planen sie ihre gemeinsame Zukunft. Als
Mann von Welt bestellt Nick ihr einen
raffinierten europäischen Drink – einen
Crème de Menthe Frappé –, ehe er in eine
Hochzeit einwilligt.

Green Crème de Menthe Frappé

HAND GRENADE

Girls Trip • 2017
Ryan Pierce / Regina Hall

38 ml Gin
38 ml Getreidebrand
38 ml Wodka
38 ml Rum
38 ml Melonenlikör
38 ml Ananassaft

Alle Zutaten im Shaker auf Eis schütteln. In ein mit zerstoßenem Eis gefülltes Highballglas abseihen. Bei Bedarf mit Eis auffüllen, bis das Glas randvoll gefüllt ist. Mit einer auf den Glasrand gesteckten geviertelten Limone garnieren.

New Orleans ist die Heimat vieler beachtlicher Drinks, aber dieser hinterlässt bei den meisten Besuchern bleibenden Eindruck: ein potentes Spirituosengemisch, das mit Melonenlikör und Ananassaft süffig gemacht wird. Der Name deutet bereits an, welche Wirkung es entfaltet. Unter der Bezeichnung »stärkster Drink von New Orleans« wird er von den »Tropical Isle«-Bars in der Bourbon Street im Herzen der Jazzmetropole in auffälligen grünen Yard-Gläsern serviert. Ausgeheckt wurde der Cocktail von Pam Fortner und Earl Bernhardt. Das geheime Rezept entstand anlässlich der Eröffnung ihrer ersten eigenen Bar während der Weltausstellung von 1984. Es hat dem Lokal in der Bourbon Street einen prominenten Ruf verschafft. Mittlerweile ist ein Besuch in New Orleans ohne einen Abstecher dorthin undenkbar.

. . . .

Das Partyleben der unzertrennlichen Girl-Gang während ihrer Collegezeit liegt schon einige Jahre zurück. Beruf, Ehe und Kinder lassen den Freundinnen kaum noch Zeit, vom Pfad der Tugend abzuweichen (oder sich überhaupt wiederzusehen). Ryan, die als Lifestyle-Guru Promis berät, soll die Festrede beim Essence Festival in New Orleans halten. Sie beschließt, die Freundinnen für einen überfälligen Mädelstrip zusammenzutrommeln. Erste Station ist natürlich die berühmte Bourbon Street, wo die Straßenfest-Atmosphäre mit Jazzband-Auftritten und Karneval gerade ihren Höhepunkt erreicht. Die Frauen ziehen sich den berüchtigten Hand-Grenade-Cocktail rein. Während das Stimmungsbarometer unaufhörlich steigt, bekommen Ryans Freundinnen ein Handyfoto jener Frau zugespielt, mit der Ryans Ehemann soeben eine Affäre hat – und sie können nicht einfach weiter Party machen, ohne es ihr zu sagen.

HARVEY WALLBANGER

Game Night • 2018
Max / Jason Bateman

38 ml Wodka
75 ml Orangensaft
12 ml Galliano L'Autentico

Wodka und Orangensaft in einem mit
Eis gefüllten Highballglas verrühren. Den
Galliano-Likör darüber träufeln. Mit einer
Cocktailkirsche und einer auf den Glasrand
gesteckten Orangenscheibe garnieren.

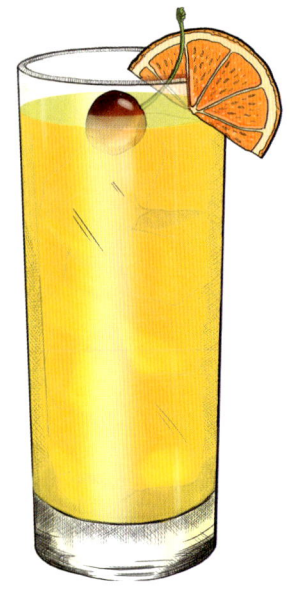

Die Geschichte gleicht der so vieler anderer
Drinks: Die Ursprünge liegen im Dunkeln, die
Urheberschaft ist umstritten. Der Drink war
beinahe vergessen, als eine erfolgreiche
Marketingkampagne für einen steilen Auf-
schwung sorgte. Zuletzt war er allenfalls noch
bei Snobs beliebt. Heute, im goldenen Zeit-
alter der Mixgetränke, zeigt sich der Publi-
kumsgeschmack deutlich aufgeschlossener.
Inzwischen verstößt es nicht mehr gegen den
guten Ton, diesen Drink zu bestellen. Das
Verdienst, diesen Cocktail wieder etabliert zu
haben, gebührt dem Gebrauchsgrafiker Bill
Young. Ein von ihm entworfenes Plakat hing
in den 1970er-Jahren weltweit in Bars. Darauf
erklärte ein kumpelhafter Surfertyp: »Mein
Name ist Harvey Wallbanger. Und mich kann
man machen!« Das Rezept war mit abge-
druckt. Damals überwog der Saftanteil bei
diesem Drink, was ihm nicht zum Vorteil
gereichte. Deshalb servieren die meisten Bars
heute die Variante mit mehr Alkohol.

. . . .

Max und Annie lieben ihre Spieleabende. In
Brett- und Quizspielen gehen beide vollkom-
men auf. Ausnahmsweise fungiert diesmal
allerdings Brooks, Max' Bruder, als Gastgeber.
Nicht nur das ist ungewohnt: Es handelt sich
um ein Mörderspiel, bei dem die Grenzen
zwischen Realität und Fiktion verschwimmen.
Brooks wird entführt. Max und Annie vertiefen
sich in die Hinweise und verfolgen die Spur
bis zu einer örtlichen Bar. Beide glauben noch
immer, an einem Spiel teilzunehmen. Max
stellt den Mann hinter dem Tresen auf die
Probe, indem er einen Harvey Wallbanger
bestellt, einen Drink, den nur ein echter
Barkeeper kennen kann. Nach und nach stellt
sich jetzt heraus, dass das Spiel keines ist.

HEMINGWAY DAIQUIRI

Verführung einer Fremden •
2007
Rowena Price / Halle Berry

50 ml weißer Rum
33 ml Grapefruitsaft
12 ml Maraschino
12 ml Limettenkonzentrat

Alle Zutaten im Shaker auf Eis schütteln.
In ein Martiniglas abseihen. Mit einem auf
den Glasrand gesteckten Limettenschnitz
servieren.

Ernest Hemingway verbrachte einen Großteil
der 1930er-Jahre in der kubanischen Hauptstadt Havanna. Er war Stammgast in der Bar
»La Floridita«, die bis heute für sich beansprucht, die Wiege des Daiquiri zu sein.
Angeblich probierte er auf dem Weg zur
Toilette einen frisch zubereiteten Daiquiri und
riet dem Barkeeper, es ohne Zucker und mit
der doppelten Menge Rum zu versuchen. Das
Resultat wurde nach Hemingway benannt,
erwies sich aber als wenig schmackhaft, zu
sauer und selbst für standhafte Trinker zu
alkoholisch. Seit einigen Jahrzehnten hat der
Drink eine stetige Entwicklung durchgemacht.
Ein allgemein akzeptiertes Standardrezept
gibt es nicht, aber wenigstens über die Zutaten herrscht Einigkeit. Sie sorgen für eine
würdige Alternative zum klassischen Daiquiri.

. . . .

Grace wird tot aus dem Fluss geborgen, kurz
nachdem sie ihrer guten Freundin Rowena,
einer investigativen Reporterin, belastendes
Material über kriminelle Aktivitäten von
Harrison Hill übergeben hat. Rowena vermutet, dass der aalglatte Werbemogul beim Tod
von Grace seine Finger im Spiel hatte. Sie
heuert in seiner Agentur an, um verdeckt ermit-
teln zu können, und lässt sich auf einen Flirt
mit Hill ein. Dieser überredet Rowena zu einem
abendlichen Treffen. Diese einmalige Chance,
an Informationen zu gelangen, lässt sie sich
nicht entgehen. In der Bar erscheint sie im
roten Kleid und mit auffälligen Ohrringen.
Sie flirtet mit dem mutmaßlichen Mörder, der
einen Hemingway Daiquiri bestellt. Hill will
ihr die Zutaten erklären, aber Rowena fällt
ihm ungeduldig ins Wort, als ob sie andeuten
wollte, mehr zu wissen, als er vermutet.

HIGHBALL

Der große Gatsby • 2013
Jay Gatsby / Leonardo DiCaprio

50 ml schottischer Whisky
Sodawasser

Den Whisky in ein mit Eis gefülltes Highballglas gießen und mit Sodawasser auffüllen. Auf drei Cocktailspieße je zwei Kirschen aufstecken, auf einem zusätzlich eine Zitronenscheibe. Von der Unterseite einer unbehandelten Zitrone eine flache Halbkugel abschneiden, in die zwei Kirschspieße gesteckt werden. Auf dem Drink platzieren. Den Kirsch-Zitronen-Spieß ins Glas legen. Mit einem Minzezweig garnieren und mit einem altmodischen gestreiften Trinkhalm servieren.

Patrick Gavin Duffy beanspruchte in seinem 1934 erschienenen Buch *The Official Mixer's Manual* für sich, den Highball 1894 in Amerika eingeführt zu haben. Er habe diesen Drink in seiner Bar für britische Schauspieler gemixt, die Scotch mit Soda bestellt hätten. Dieser Darstellung widersprachen bereits die Zeitgenossen. Inzwischen steht der Highball für eine ganze Gruppe von Longdrinks, bei denen eine hochprozentige Spirituose mit einem kohlensäurehaltigen Getränk in einem hohen Glas auf Eis serviert wird – wie Gin Tonic oder Rum-Cola. Im frühen 20. Jahrhundert galt Scotch mit Soda als beliebteste Kombination. Der Name des Highball ging angeblich auf Lokomotivführer zurück, die auf ihrer Dampfpfeife zwei kurze und einen langen Pfiff abgaben (ähnlich wie bei der Zusammensetzung des Drinks), um dem Zugführer zu signalisieren, dass der Wasserspeicher der Lokomotive vollständig aufgefüllt war. Als Anzeige diente ein Ball, der im Tank auf der Wasseroberfläche schwamm.

· ·

Gatsby fährt mit seinem prächtigen gelben Duesenberg am Haus seines Bekannten Nick vor. Sie unternehmen gemeinsam eine Spritztour durch New York und halten vor einem unansehnlichen Barbiersalon. Hinter den Dampfwolken und dem überwältigenden Aftershave-Dunst verbirgt sich der Eingang zu einer dekadenten Lasterhöhle mit Revuetheater, wo sich die feinen Leute von New York selbst in dieser Prohibitionszeit jeden erdenklichen Cocktail mixen lassen können. Die Barmannschaft weiß bereits, was Gatsby zum Mittagessen bestellen wird, und der Tisch füllt sich mit verschwenderisch garnierten Cocktails. Nick weiß zunächst nicht, worauf er sich eingelassen hat, aber der Lebensstil beginnt ihm zu gefallen.

HORSE'S NECK

Caught in a Cabaret • 1914
Mabel / Mabel Normand

50 ml Brandy
2 Dashes Angostura
Ginger Ale

Brandy und Angostura in ein mit Eis
gefülltes Collinsglas gießen und mit
Ginger Ale auffüllen. Mit einem über
den Glasrand drapierten Zitronentwist
servieren.

Der Horse's Neck begann seine Barlaufbahn
Ende des 19. Jahrhunderts als Erfrischungs-
getränk aus Ginger Ale auf Eis mit einem Dash
Bitter und einem Zitronentwist. Als Cooler ist
er bis heute bei sommerlichen Diners und
Picknicks eine feste Größe. Nach 1900 gaben
Bourbon oder Brandy dem Drink die Sporen.
Letzterer machte schließlich im offiziellen
Rezept der International Bartenders Associa-
tion als dominanter Basisalkohol das Rennen.
Die steile Karriere des potenten Longdrinks in
der britischen Marine zog den Ruf des Horse's
Neck etwas in Mitleidenschaft. Wenn Ian
Fleming in seinem 1966 erschienenen Roman
Octopussy James Bond die Bezeichnung
»Säufer-Drink« in den Mund legte, war das
allerdings etwas unfair.

· ·

In dieser Stummfilmfarce geht Charlie (Chap-
lin) mit seinem Dackel spazieren. Als er seinem
kurzbeinigen Begleiter (der »zu nah am heißen
Bürgersteig ist«) etwas Kühlung verschaffen
will, stürzt Charlie in einen Brunnen. Er
verheddert sich im Blumenschmuck für eine
Party, verliert den Hund und stiftet beim Versuch, ihn zurückzubekommen, Chaos. Das
Society-Girl Mabel hat bei ihrem Auftritt als
Debütantin einen Horse's Neck bestellt, ehe sie
mit ihrem Verlobten einen Waldspaziergang
unternimmt. Das Paar wird überfallen, doch
der zufällig vorbeikommende Charlie schlägt
den Räuber in die Flucht und wird mit einem
»Tête-à-Tête« (leider kein Getränk, wie er vermutet) im Anwesen der Geretteten belohnt.

Horse's Neck

KIR ROYAL

Die Nacht vor der Hochzeit • 1940
Tracy Lord / Katharine Hepburn

12 ml Crème de Cassis
75 ml Champagner

Crème de Cassis in eine gekühlte
Champagnerflöte gießen und mit kaltem
Champagner auffüllen. Mit einer auf
den Glasrand gesteckten Brombeere
servieren.

Nach 1900 war der Blanc Cassis ein beliebter
Cocktail in den französischen Bars und Cafés.
Dafür wurde Wein aus der Region mit etwas
Crème de Cassis (ein Likör von schwarzen
Johannisbeeren) gemischt. Volkstümlich wurde
das Getränk aber erst durch Félix Kir. Als Priester
und Held des französischen Widerstands im Krieg
brachte er es zum Oberbürgermeister von Dijon.
Kir ließ seinen Gästen das Getränk servieren, um
die Bekanntheit des heimischen Likörs und des
regionalen Weißweins aus Aligoté-Trauben zu
steigern. Dieser sehr trockene und säurereiche
Wein bildete die perfekte Basis für den lieblichen
Likör. Mit Champagner wurde daraus ein besonders luxuriöser Aperitif, dem man den Namen des
beliebten Politikers verlieh. In Frankreich versteht
man unter einem Kir immer ein Glas Weißwein
mit einem Schuss Fruchtlikör, aber nur Champagner adelt das Getränk zum Kir *Royal*.

Kurz vor Tracy Lords Hochzeit mit dem Aufsteiger
George Kittredge taucht unerwartet Dexter auf,
ihr geschiedener Ehemann. Er soll einen Reporter
und eine Fotografin in das High-Society-Event
einschleusen, wird aber eine größere Rolle spielen, als ihm lieb ist. Tracy hat einen anstrengen-
den Tag hinter sich, voller alter Rechnungen
zwischen Familienmitgliedern und anderer
unangenehmer Wahrheiten. Trotzig kippt sie
einen Kir Royal nach dem anderen und lässt sich
auf die Avancen des Klatschreporters Mike ein.
Am Ende ist sie hin- und hergerissen zwischen
drei Männern, und auch der reichliche Alkohol-
konsum hat deutliche Spuren hinterlassen.

LONG ISLAND ICED TEA

Eiskalte Engel • 1999
Cecile Caldwell / Selma Blair

12 ml Tequila
12 ml Gin
12 ml Wodka
12 ml weißer Rum
12 ml Triple Sec
12 ml Zitronensaft
12 ml Limettenkonzentrat
19 ml Zuckersirup
Cola

Alle Zutaten bis auf die Cola in ein mit Eis gefülltes Highballglas gießen. Mit Cola auffüllen. Mit einem auf den Glasrand gesteckten Zitronenschnitz servieren.

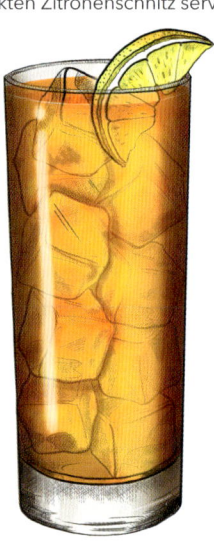

Die Urheberschaft ist bei diesem Drink umstritten. Ein Barkeeper aus New York, der im »Oak Beach Inn« auf Long Island arbeitete, beanspruchte die Kreation für sich. Sie soll 1972 bei einem Wettbewerb entstanden sein, bei dem die Verwendung von Triple Sec vorgeschrieben war. Andere Quellen verlegen die Entstehung in die Prohibitionsära. Solche Cocktails ließen sich als harmloser »Eistee« tarnen, obwohl reichlich Alkohol in ihnen steckte.

. . . .

Kathryn ist eine Meisterin der Manipulation, und das bekommen insbesondere die unbedarfte Cecile und der Womanizer Sebastian zu spüren. Kathryn hat die beiden geschickt verkuppelt, aus Rache, weil die naive Jungfrau Cecile ihr den Freund ausgespannt hat. Der durchtriebene Verführer Sebastian setzt Cecile einen Eistee vor, den diese mit kindlicher Begierde durch einen Trinkhalm schlürft. Als sich die alkoholische Wirkung rasant bemerkbar macht, schwant Cecile Böses, und sie fragt, ob das wirklich nur Eistee sei. Zu spät stellt sie fest, dass es sich um solchen von der Sorte Long Island handelt – also von jener, die unbedarfte Frauen unvermeidlich in Schwierigkeiten bringt.

MAI TAI

Blaues Hawaii • 1961
Chad Gates / Elvis Presley

50 ml Aged Rum
25 ml Limettenkonzentrat
12 ml Curaçao
12 ml Orgeat-Mandelsirup
6 ml Agavensirup

Alle Zutaten im Shaker schütteln. In ein mit Eis gefülltes Rocksglas gießen. Ananasspalte und Cocktailkirsche aufspießen und vor dem Servieren an den Rand des Glases hängen.

Trader Vic (eigentlich Victor Jules Bergeron) gilt als Urvater der Tikidrinks. Der 1944 von ihm erfundene Mai Tai ist nur einer von vielen dieser Art, die er in seinem 1934 eröffneten Bar-Restaurant im kalifornischen Oakland anbot. Seit 1940 breitete sich der Tikistil im Franchisesystem rund um die Welt aus und erreichte zwischen 1950 und 1970 seinen Höhepunkt. Vics Buch *The Bartender's Guide* von 1947 (vor allem die Neuauflage von 1972) gilt immer noch als Pionierwerk. Nachdem Vic einigen Freunden aus Tahiti den neuen Drink serviert hatte, quittierte einer der Besucher das angeblich mit dem Ausruf »Maita'i roa ae!« (»Sehr gut!«). Hier stellen wir den Mai Tai in seiner Ursprungsform vor, ungeachtet der zahllosen Modifikationen, etwa dem Zusatz von Orangen-, Grapefruit- und Ananassaft für mehr Süße und als Streckungsmittel.

. . . .

Chad hat gerade den Wehrdienst hinter sich. Seine stolze Mutter Sarah Lee leidet darunter, dass ihr Sohn sich nie im Gefecht bewähren musste, und sähe ihn lieber weiterhin in Uniform. Wie eine Süchtige stürzt sie sich auf Mai Tais, am liebsten solche mit einer Extraportion Rum. Als Chads Vater seinem Filius zur Feier des Tages einen Mai Tai anbietet, legt die Mutter ihr Veto gegen diesen »berauschenden Trunk« für den Sohn ein. Schlimm genug, dass der Mädchenschwarm sich als Touristenführer und Musiker durchschlagen möchte. Als Chad in die Reisebranche einsteigt und seine Verlobung mit der reizenden Maile bekanntgibt, kann es auf Kaua'i zum Anstoßen nur ein Getränk geben: eine Runde Mai Tais.

MANHATTAN

Manche mögen's heiß • 1959
Sugar Kane Kowalczyk /
Marilyn Monroe

50 ml Bourbon oder Rye Whiskey
25 ml lieblicher Wermut
2 Dashes Angostura

Alle Zutaten in einem mit Eis gefüllten
Mixglas 30 Sekunden verrühren. In ein
gekühltes Martiniglas abseihen. Mit einer
Cocktailkirsche mit Stiel (oder am Spieß)
servieren.

Traditionell wird der Manhattan mit Rye
Whiskey gemixt, heute meist mit Bourbon.
Beides hat seine Vorzüge, und Rye erlebt
seit einigen Jahren eine Renaissance. Es
gibt drei Geschmacksrichtungen, und in
einer standesbewussten Bar wird man bei
der Bestellung danach gefragt: »dry«,
»perfect« oder »sweet«. Dry Manhattans
enthalten trockenen, Perfect Manhattans
halb trockenen, halb lieblichen Wermut.
Der Sweet Manhattan wird hier vorgestellt,
weil er die beliebteste und bekömmlichste
Variante ist. Wer noch mehr Süße schätzt,
fügt einen Löffel Sirup aus dem Glas mit
Cocktailkirschen hinzu. Der Manhattan
kam nach 1880 in Mode und gehört heute
zu den unverzichtbaren Cocktails, mit
dessen Variationen man ganze Getränke-
karten füllen könnte.

. . . .

Die Musiker Joe und Jerry waren unfrei-
willig Zeugen einer blutigen Abrechnung
unter Gangstern. Die Verbrecher sind ihnen
jetzt auf den Fersen, weswegen die beiden
ausgerechnet Zuflucht in einer Mädchen-
kapelle suchen. Das mühsam aufgebaute
Versteckspiel in Frauenkleidern gerät ins
Wanken, als Jerry die Schlafkabine im
Nachtzug mit der verlockenden Blondine
Sugar Kane teilen soll. Bevor sich beide aus
einer eingeschmuggelten Flasche Bourbon
einen Schluck genehmigen können,
bekommen sie Besuch von Bandkollegin
Dolores. Sugar Kane schlägt Manhattans
vor und schickt Dolores aus, um Wermut
und einen »Shaker« (eine Wärmflasche) zu
besorgen. Bald ist eine richtige Party mit
der ganzen Kapelle im Gang. Gelingt es
Joe und Jerry in dieser Nacht, nicht aus
der Rolle zu fallen und das Inkognito zu
wahren?

MARGARITA

Boogie Nights • 1997
Eddie Adams (Dirk Diggler) / Mark Wahlberg

50 ml Tequila Blanco
12 ml Triple Sec
25 ml Limettenkonzentrat
1 TL Agavennektar

Für ein Frappé alle Zutaten mit zerstoßenem Eis im Mixgerät mischen und in
ein Margaritaglas füllen. Für die klassische, ohne Eis servierte Variante im
Shaker auf Eis schütteln und in ein Margaritaglas mit Salzkruste, alternativ in ein mit
Eis gefülltes Rocksglas abseihen (das hält
die Margarita länger frisch). Mit einem
Limonenschnitz servieren.

Die Margarita verbreitete sich ab 1940
von Mexiko kommend in Nordamerika und
trat nach 1950 ihren weltweiten Siegeszug
an. Als Vorläufer gelten die Daisy aus dem
19. Jahrhundert oder auch der Sidecar.
Die Margarita wurde seither unendlich
vielen Abwandlungen in allen Farb- und
Geschmacksrichtungen sowie Darreichungs-
formen unterworfen, aber unsere Version
kommt dem Original am nächsten und
gehört zu den am häufigsten bestellten
Drinks der Welt. Alle drei Servierweisen –
»straight up« ohne Eis, »frozen« als Frappé
und »on the rocks« – sind vorzüglich und
empfehlenswert.

. . . .

Der junge Eddie Adams aus Torrance
stammt aus einem zerrütteten Elternhaus.
Seine Mutter hat ihn gerade vor die Tür
gesetzt. Die kalifornische Pornoindustrie
bietet dem knabenhaft wirkenden, aber mit
üppiger Libido gesegneten jungen Mann
eine neue Heimat und baut ihn zum Star
des boomenden Geschäfts mit Sexvideos
auf. Die noch ungewohnte Szene und die
Exzentriker, die sie bevölkern, lernt der
Novize anlässlich einer Poolparty beim
Produzenten Jack Horner kennen. Er findet
eine verwandte Seele im Darstellerkollegen
Reed Rothchild, der ihm eine erfrischend
salzige Margarita vorsetzt. Eddies Verwand-
lung in Dirk Diggler, den kommenden Stern
am Pornohimmel, hat soeben begonnen.

MARTINI

Batman • 1989
The Joker / Jack Nicholson

75 ml Gin
38 ml trockener Wermut

Alle Zutaten in einem mit Eis gefüllten
Mixglas 30 Sekunden verrühren. In ein
gekühltes Martiniglas abseihen. Mit einer
aufgespießten Olive servieren.

Der Martini hat wohl zahlreiche Väter.
Die Kombination von Gin mit Geschmacks-
trägern in Form von Bittern, Wermuts und
Likörweinen ist seit dem 19. Jahrhundert
beliebt. Die Hersteller Martini & Rosso
vermarkteten ihre Produkte bereits 1863
als ideales Pendant zum Gin. Die Namens-
verwandtschaft des Cocktails mit dieser
bekannten Marke entstand möglicherweise
als ritualisiertes Kürzel beim Bestellen.
Unser Martini tendiert mit dem Mischungsverhältnis aus zwei Teilen Gin und einem
Teil Wermut eher zur »nassen« Variante und
zeichnet sich wie im Spielfilm durch einen
Hauch Bernsteinfärbung aus.

Jack Napier, der »Joker« ist seit seinem
misslungenen Überfall auf die Firma Axis
Chemicals ein gezeichneter Mann. Batman
konnte den Verbrecher stellen, und beim
Kampf stürzte Napier in einen Behälter
mit ätzenden Chemieabfällen. Er hat das
Unglück überlebt, und die dabei erlittenen
bizarren Verstümmelungen überspielt er mit
manischer Extravaganz. Erstaunlicherweise
fühlt er sich besser denn je und kann es
kaum erwarten, seiner Geliebten Alicia von
seiner etwas unorthodoxen Runderneue-
rung zu berichten. Er nippt gerade an einem
Martini, als sie, beladen mit Einkaufstüten,
vom Einkaufsbummel zurückkehrt. Sie
erleidet einen Zusammenbruch, als sie
Jacks groteskes neues Antlitz zum ersten
Mal sieht.

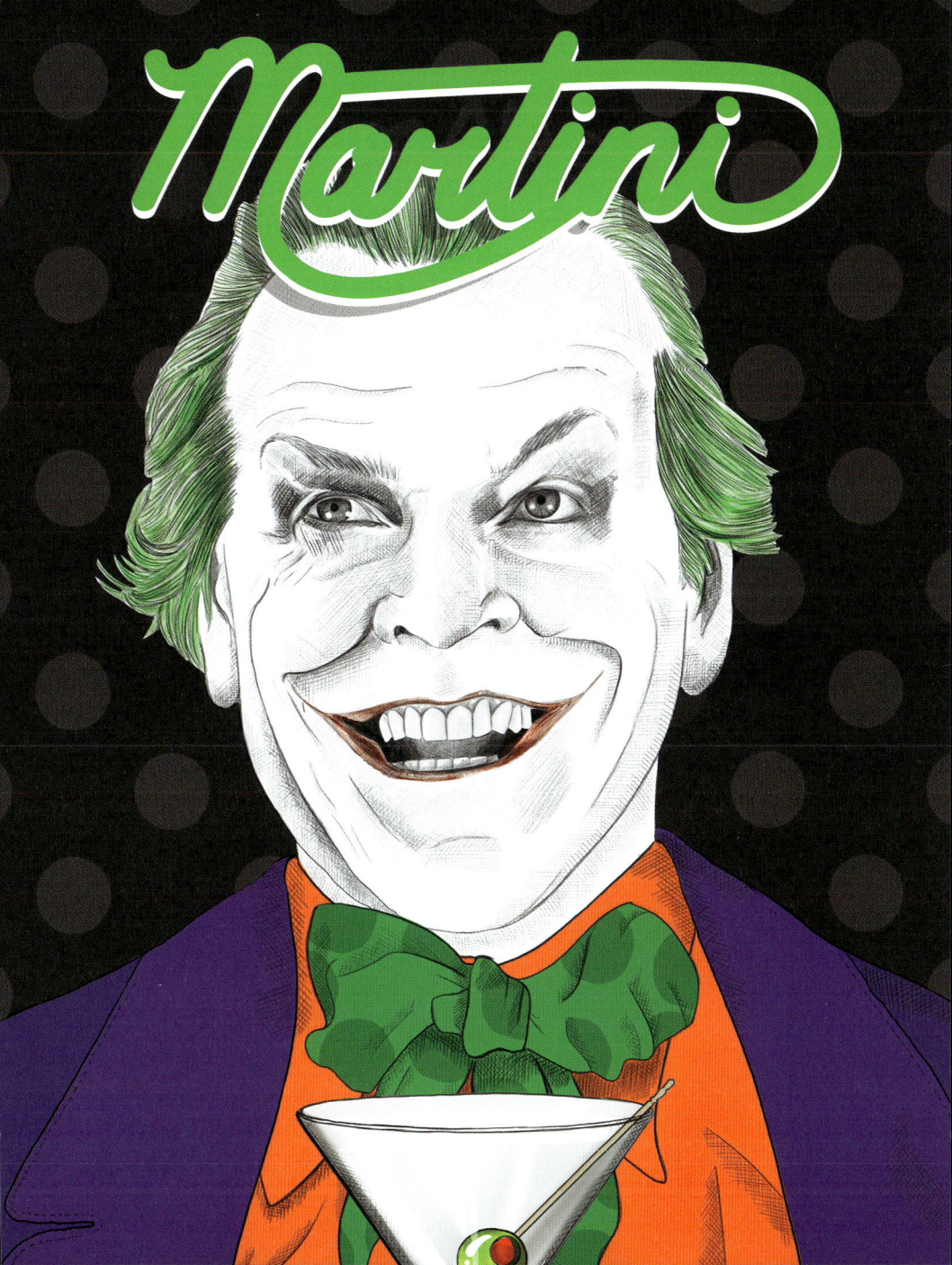

MIDNIGHT MARGARITA

Zauberhafte Schwestern • 1998
Sally Owens / Sandra Bullock

50 ml Tequila Añejo
12 ml Triple Sec
25 ml frisch gepresster Limettensaft
12 ml Himbeerlikör

Mit der Schale der ausgepressten
Limette den Rand eines Rocks- oder
Old-Fashioned-Glases abreiben. Das
Glas mit der Öffnung nach unten in
einen Teller mit Salz tauchen. Das Glas
mit zerstoßenem Eis füllen. Tequila,
Triple Sec und Limettensaft im Shaker
auf Eis schütteln und ins Glas abseihen.
Mit zerstoßenem Eis auffüllen und mit
Himbeerlikör beträufeln.

Die Midnight Margarita ist eine der zahlreichen Variationen, die es von diesem Eckpfei-
ler der Cocktailwelt gibt. Sie ist der sanfte
Einstieg in eine ganze Kategorie verwandter
Drinks, die man einfach lieben muss. In
Zauberhafte Schwestern verwenden die
Hexen unkonventionelle Zutaten wie »Zunge
vom Hund« und »Blindschleichenstachel«,
deren Wirksamkeit kaum überprüfbar ist.
Empfehlen würden wir sie jedenfalls nicht.
Stattdessen setzen wir auf Himbeerlikör,
der dem Drink einen dramatischen Akzent
verleiht. Nach Art eines Hexenkessels sickern
purpurfarbene Streifen durchs grünlich
schimmernde Eis, und die Salzkruste
erinnert an den glitzernden Sternregen,
der zur Magie unbedingt dazugehört.

· ·

Sally und Gillian sind keine gewöhnlichen
Schwestern. Sie wurden von ihren Tanten
großgezogen, die sie mit der Hexerei
vertraut machten. Auch für Magierinnen
läuft nicht immer alles rund im Leben, das
gilt insbesondere für Beziehungsfragen. Aber
ein Ritual funktioniert immer – Midnight
Margaritas! Schlag zwölf beginnt der
fröhliche Tanz der jungen Frauen mit ihren
Tanten um das Mixgerät, wenn sie ihren
magischen Partytrunk brauen: Tequila,
Limetten, Zucker und etwas Fledermaus-
wolle (dazu noch andere widerwärtige
Zutaten, siehe oben), als Krönung ein
Zauberspruch, der das Gebräu zum echten
Hexenwerk macht.

Midnight Margarita

MIMOSA

Rat Race – Der nackte Wahnsinn • 2001
Vera Baker / Whoopi Goldberg

12 ml Orangenlikör
50 ml Orangensaft
50 ml Champagner (brut)

Alle Zutaten bis auf den Champagner
in eine Champagnerflöte gießen.
Mit Champagner auffüllen. Mit einem
schmalen, über den Glasrand drapierten
Orangentwist servieren.

Der Mimosa stammt aus der Mitte der
1920er-Jahre und entstand angeblich in
der Bar des Pariser Hotels »Ritz«. Frank
Meier arbeitete dort 26 Jahre lang als Barkeeper und veröffentlichte 1936 das Buch
The Artistry of Mixing Drinks. Zur gleichen
Zeit, vielleicht sogar früher, entstand der
Buck's Fizz im »Buck's Club« im Londoner
Stadtteil Mayfair. Beide Drinks ähneln
sich, nur dass die Londoner Variante ein
Mischungsverhältnis von einem Teil Champagner zu zwei Teilen Orangensaft vor-
sieht. Mixerkreise zweifeln noch, ob man
Triple Sec dem Orangenlikör wie Grand
Marnier oder Cointreau vorziehen sollte,
aber mehr geschmackliche Tiefe macht
den Drink eigentlich nur interessanter.

· ·

Vera hat ihre Tochter zuletzt vor 27 Jahren
gesehen. Veras Wahrsagerin Lucianne
empfiehlt, nach dem damals zur Adoption
freigegebenen Kind zu suchen, also wird
ein Privatdetektiv angeheuert. Vera wartet
in einem Hotelfoyer in Las Vegas auf die
verlorene Tochter. Merrill erscheint tatsächlich, steht aber unter Stress. Langsam
beruhigt und entspannt sie sich. Auf die
Frage der Kellnerin, was die Frauen trinken möchten, antworten beide unisono
»Mimosa«. Die Verbindung zwischen Mutter
und Tochter ist sofort hergestellt, gerade
rechtzeitig vor dem großen Abenteuer,
das ihnen jetzt bevorsteht.

MINT JULEP

Thank You for Smoking • 2005
»Captain« / Robert Duvall

10 Minzeblätter
12 ml Zuckersirup
50 ml Bourbon

Einen Julep-Becher oder ein Collinsglas
zur Hälfte mit zerstoßenem Eis füllen.
Minze, Zucker und 12 ml eisgekühltes
Wasser hinzufügen und sanft verrühren.
Den Bourbon zugeben. Mit zerstoßenem
Eis auffüllen und verrühren, bis sich auf
der Außenseite des Gefäßes Reif zeigt.
Mit einem Minzezweig garnieren.

Der Mint Julep gehört zu den ältesten Cocktails überhaupt. Die früheste bekannte Erwähnung von 1784 verdanken wir der Londoner
»Society for Promoting Medical Knowledge«,
die ihn als Mittel gegen »Magenübelkeit«
empfahl. Im 19. Jahrhundert erscheint das
Rezept in Cocktailbüchern, wobei Brandy, Gin
und Whisky ähnlich häufig als Basis dienen
wie Bourbon. Nach und nach wurde das
Getränk immer mehr mit den amerikanischen
Südstaaten und der typischen regionalen
Spirituose Bourbon assoziiert. Nach 1930
avancierte es zum offiziellen Cocktail des
Kentucky Derby, und 2008 rührte man in
Churchill Downs den größten Mint Julep
überhaupt an. Er war 2,30 Meter hoch,
den riesigen Minzezweig eingerechnet.

· ·

Nick Naylor ist gerade im Fernsehen für die
Tabaklobby aufgetreten und hat damit großes
Aufsehen erregt. Er wird zum »Captain« zitiert,
eine lebende Legende und jener Mann, dem die
Branche die Einführung der Filterzigarette
verdankt. Als Nick den exklusiven Club betritt,
trifft er einen Südstaaten-Gentleman alter
Schule, der einen Drink aus der Heimat vor
sich stehen hat. Der »Captain« erklärt, dass
man für einen wirklich guten Mint Julep die
Minze mit dem Daumen auf dem Eis zerdrücken muss – das führt er vor, indem er mit
leicht bedrohlich wirkender Geste einen Minzezweig auf seiner Handfläche zerquetscht –,
um die ätherischen Öle freizusetzen. Wer ihm
das beigebracht hat? Fidel Castro.

MISSISSIPPI PUNCH

Frühstück bei Tiffany • 1961
Holly Golightly / Audrey Hepburn

50 ml Cognac
25 ml Bourbon
12 ml Zitronensaft
12 ml Zuckersirup
25 ml schwarzer Rum

Alle Zutaten bis auf den Rum im Shaker
auf zerstoßenem Eis schütteln und
in ein Collinsglas füllen. Das Glas mit
zerstoßenem Eis auffüllen, den Rum
darüber träufeln. Mit Orangenschnitz
und Cocktailkirsche
am Spieß
servieren.

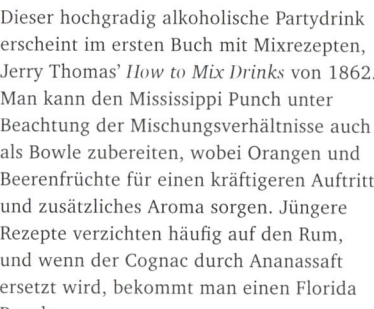

Dieser hochgradig alkoholische Partydrink
erscheint im ersten Buch mit Mixrezepten,
Jerry Thomas' *How to Mix Drinks* von 1862.
Man kann den Mississippi Punch unter
Beachtung der Mischungsverhältnisse auch
als Bowle zubereiten, wobei Orangen und
Beerenfrüchte für einen kräftigeren Auftritt
und zusätzliches Aroma sorgen. Jüngere
Rezepte verzichten häufig auf den Rum,
und wenn der Cognac durch Ananassaft
ersetzt wird, bekommt man einen Florida
Punch.

....

Die Party strebt gerade ihrem Höhepunkt
entgegen, der Alkohol fließt in Strömen.
Holly Golightly steht einmal mehr im
Mittelpunkt einer ihrer berüchtigten
Soireen, die Freunde und Bekannte aus
New Yorks betuchter Schickeriaszene wie
Motten anziehen. Hollys namenlose Katze
verfolgt vom Logenplatz auf dem Schrank
aus, wie das Ganze in trunkener Aus-
schweifung versinkt, sehr zum Ärger von
Mister Yunioshi in der darüber gelegenen
Wohnung. Während der Nachbar noch
überlegt, ob er die Polizei rufen soll,
kommt eine frische Bourbonlieferung an.
Der Nachschub an Mississippi Punch ist
gesichert!

Mississippi Punch

MOJITO

Stirb an einem anderen Tag • 2002
James Bond / Pierce Brosnan

10 Minzeblätter
25 ml frisch gepresster Limettensaft
12 ml Agavensirup
50 ml weißer Rum
Sodawasser

Die Minzeblätter in einem Collinsglas mit Limettensaft und Agavensirup mit dem Stößel sanft zerdrücken. Das Glas zur Hälfte mit Eis füllen, Rum hinzufügen und verrühren. Mit Eis und dann mit Sodawasser auffüllen. Sanft verrühren. Mit Limettenschnitz und Minzezweig servieren.

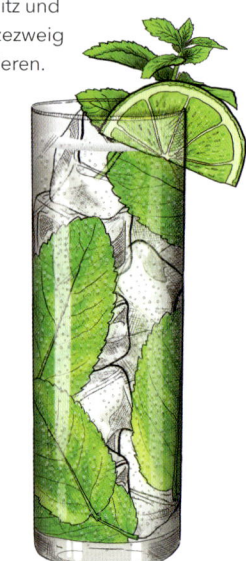

Die Wiege des Mojito steht wohl in Havanna. Während Francis Drakes Flotte im 16. Jahrhundert in der Karibik auf Kaperfahrt ging und die spanischen Besitzungen plünderte, litt seine Mannschaft unter Mangelernährung und Seekrankheit. Auf Kuba stieß man auf ein beliebtes örtliches Allheilmittel – eine primitive Form von Rum, vermischt mit Limetten, Rohrzucker und Minze. Drakes Seeleute stellten fest, dass das Getränk gegen eine Vielzahl von Beschwerden wirkte, darunter Skorbut und Durchfall. Wann aus dem damals als *El Draque* bekannten Getränk der Mojito entstand oder worauf sich der Name genau bezieht, ist unklar. Eine Bar in der Altstadt von Havanna, »La Bodeguita del Medio«, behauptet, dass der Drink 1942 hier entstand und rasch zum Lieblingsgetränk vieler Berühmtheiten avancierte, darunter Ernest Hemingway.

Nachdem James Bond in der Strandbar Zuflucht vor der gnadenlos stechenden kubanischen Sonne gesucht hat, nippt er an einem eiskalten Mojito und gönnt sich eine feine Zigarre – zwei der wichtigsten Exportgüter der Karibikinsel. Als Vogelkundler getarnt, hat er durch sein Fernglas am Strand einen ganz besonderen Wasservogel erspäht – die Agentin Jinx Johnson. James bietet ihr von seinem Mojito an, während sie sich abtrocknet. Der Cocktail ist für ihren Geschmack etwas zu stark, aber sie könnte sich daran gewöhnen. Glücklicherweise steht beiden dafür eine ganze Nacht zur Verfügung.

MOLOKO PLUS

Uhrwerk Orange • 1971
Alex DeLarge / Malcolm McDowell

25 ml Absinth
25 ml Anisette-Likör
50 ml Irish-Cream-Likör
125 ml Milch
12 ml Zuckersirup

Alle Zutaten im Shaker auf Eis schütteln.
In ein Collinsglas abseihen.

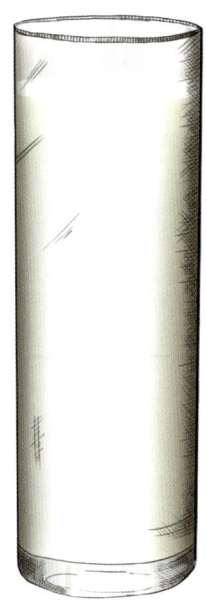

Der Moloko Plus gehört zu einer Familie
fiktiver Drinks. Er kommt im Buch von
Anthony Burgess und in Stanley Kubricks
Spielfilm vor. Im Buch werden den verschiedenen Cocktailvarianten jeweils bewusst-
seinsverändernde Substanzen zugesetzt,
wobei »Vellocet« Opiate enthält, »Synthe-
mesc« synthetisches Mescalin und »Dren-
crom« das Stoffwechselprodukt Adreno-
chrom. Mittlerweile haben viele Barkeeper
ihre eigenen Rezepte (mit hoffentlich
legalen Zutaten) für diese der Fantasie
entsprungenen Getränke entwickelt. Unser
Rezept enthält Absinth, um auf die vermeint-
lich psychoaktiven Eigenschaften des Moloko
Plus anzuspielen.

. . . .

Alex DeLarge ist Anführer einer kleinen
Jugendbande, die durch ihren grotesken
Auftritt und ihre ungehemmte Brutalität
auffällt. Er und seine »Droogs«, wie er sie im
internen Gangjargon »Nadsat« nennt, hängen
in der höhlenartigen Korova-Milchbar ab. Mit
der Arroganz der Jugend fläzt die Gang auf
ihren Sitzgelegenheiten. Die Tische, auf die
sie ihre Füße legen, sind nackte Frauenpup-
pen. In der Bar wird der Moloko Plus in
seiner ganzen Bandbreite konsumiert – auf-
putschend, entspannend, bewusstseinsverän-
dernd. Mit ausdruckslosen Gesichtern starrt
die Bande ins Leere, während sie aus hohen
Gläsern an ihren weißen Drinks nippt. Die
machen »Bock« auf ihre liebste Freizeit-
beschäftigung – »ein wenig Ultrabrutale«.

MULLED WINE (GLÜHWEIN)

Die fabelhafte Welt der Amélie • 2001
Amélie Poulain / Audrey Tautou

750 ml Rotwein
50 ml Schlehenlikör (mit Gin)
2 Zimtstangen
12 Gewürznelken
1 Prise frisch geriebene Muskatnuss
1 großes Stück Orangenschale
1 großes Stück Zitronenschale
75 ml Honig

Alle Zutaten in einem Kochtopf maximal 10 Minuten langsam erhitzen (nicht kochen!). In hitzebeständige Gläser abseihen.

Weihnachtsmärkte und Partys wie Halloween haben stark dazu beigetragen, dass sich dieses Getränk in der kalten Jahreszeit großer Beliebtheit erfreut. Schon die Römer genossen heißen, mit Gewürzen aromatisierten Wein. Fast jede europäische Nation hat ihre eigene Variante entwickelt. In Frankreich ist es der *Vin chaud*, eine bodenständige Mischung von Wein mit Gewürzen und Zitrusfrüchten. In Skandinavien spricht man dem *Glögg* zu, der mit vielen wärmenden Gewürzen und animierenden Spirituosen wie Brandy oder Wodka zubereitet wird.

. . . .

Schockiert von der Nachricht über Lady Dianas tragischen Unfalltod in Paris löst Amélie ungewollt eine Kettenreaktion aus: Der Verschluss einer Parfümflasche fällt ihr aus der Hand, rollt durchs Badezimmer und löst beim Aufprall an der Wand eine Fliese. Dahinter verbirgt sich ein Hohlraum mit einer vor 40 Jahren versteckten Blechdose, die sich als wahre Zeitkapsel entpuppt. Noch in der gleichen Nacht beschließt Amélie, den früheren Besitzer ausfindig zu machen und ihm seine Erinnerungsstücke zurückzugeben. Der richtige Monsieur Bredoteau lässt sich allerdings nicht so einfach aufspüren. Erst Amélies zurückgezogen lebender Nachbar Monsieur Dufayel, den sie nie zuvor getroffen hat, gibt der niedergeschlagenen Amateurdetektivin den entscheidenden Hinweis – und reicht ihr den größten Tröster von allen: ein dampfendes Glas Glühwein.

NEGRONI

Der römische Frühling der Mrs. Stone • 1962
Karen Stone / Vivien Leigh

38 ml Gin
38 ml Campari
38 ml lieblicher roter Wermut

Alle Zutaten in einem mit Eis gefüllten
Old-Fashioned-Glas sanft verrühren.
Einen schmalen Streifen Orangenschale
abschälen, diesen der Länge nach
gefaltet über dem Drink ausdrücken,
um die ätherischen Öle freizusetzen.
Die Zeste spiralförmig verdrehen und in
den Drink legen.

Dieser aparte Klassiker wurde angeblich
nach Graf Camillo Negroni benannt, der um
1919 zu den Stammgästen des Florentiner
»Caffè Casoni« zählte. Er regte beim Barkeeper Fosco Scarselli eine Modifikation des
Americano an, bei der das Sodawasser durch
Gin ersetzt wurde, um den Drink stärker zu
machen. Als eigenständiger Cocktail trug er
bald den Namen desjenigen, der ihn inspiriert hatte, und gilt heute als der italienische
Aperitif schlechthin. Mögen muss man ihn
halt, und den wenigsten gelingt das auf
Anhieb. Irgendwann gewöhnt sich der
Gaumen an den bitteren Orangengeschmack,
der in einen widerstreitenden Chor von
Kräuteraromen eingebettet ist, und verlangt
geradezu nach dieser Einstimmung auf den
ersten Gang der Mahlzeit.

....

Die ehemalige Schauspielerin Karen Stone
wird auf dem Weg nach Rom unerwartet zur
Witwe, als ihr reicher Ehemann im Flugzeug
einem schweren Herzanfall erliegt. Sie sucht
doppelten Trost: zum einen in Gestalt eines
Gigolos namens Paolo, zum anderen im
unablässigen Konsum von Negronis, natürlich mit viel Eis, um der römischen Tages-
hitze zu trotzen. Wer wollte sie dafür
tadeln? Mrs. Stone bewahrt jene schwanen-
gleiche Eleganz, die ihre gefeierte Bühnen-
karriere ausgezeichnet hat, sogar dann,
wenn sie reichlich von diesem raffinierten
italienischen Klassiker intus hat.

OLD FASHIONED

Crazy, Stupid, Love. • 2011
Jacob Palmer / Ryan Gosling

50 ml Bourbon
2 Dashes Angostura
12 ml Zuckersirup

Alle Zutaten in ein mit Eis gefülltes
Old-Fashioned-Glas gießen. Mindestens
eine Minute rühren, damit alles abkühlt
und verdünnt wird. Wenn das Eis teil-
weise geschmolzen ist, mit frischem
Eis auffüllen. Einen schmalen Streifen
Orangenschale abschälen, diesen der
Länge nach gefaltet über dem Drink
ausdrücken, um die ätherischen Öle
freizusetzen. Die Zeste spiralförmig
verdrehen und in den Drink legen.

Der Old Fashioned erscheint bereits im
ersten Cocktailbuch für ein größeres
Publikum, Jerry Thomas' *How to Mix Drinks*
von 1862. Darin wird er als »Whisky-
Cocktail« bezeichnet. Die Zutaten blieben
unverändert, abgesehen davon, dass es
damals keine Angabe zur Art des Whiskys
gab und dass der Drink in einem Weinglas
kredenzt wurde. Heute wird dieser »Vin-
tage-Cocktail« in dickwandigen Tumblern
serviert, denen der Drink seinen Namen
verliehen hat. Zeitweilig kam der Old
Fashioned nicht ohne Orangen, Zitronen
und Kirschen aus, die mit dem Stößel
zerdrückt wurden, ehe schließlich Sodawasser aufgegossen wurde. Zum Glück
hat der Old Fashioned heute zu seiner
Ursprungsform zurückgefunden.

. . . .

Cals Leben liegt in Scherben, seine Ehe ist
am Ende. Er ist ein einsamer Mann, der
sich obendrein schlecht kleidet. Scheinbar
aus dem Nichts taucht Jacob auf. Er ist der
charmanteste Mann von ganz Los Angeles.
Mithilfe seines subtilen Sex-Appeals kriegt
er scheinbar mühelos jeden Tag eine
andere Frau rum. Jacob strahlt katzenhafte
Coolness und unerschöpfliches Selbstvertrauen aus, wenn er zum Drink greift. Der
Old Fashioned wirkt in seiner Hand wie
ein Staffelholz, das von einer Generation
kultivierter Männer mit urbaner Allüre an
die nächste weitergereicht wird.

ORANGE WHIP

Blues Brothers • 1980
Burton Mercer / John Candy

100 ml Orangensaft
25 ml weißer Rum
25 ml Wodka
50 ml fettreduzierte Sahne

Alle Zutaten im Mixgerät mischen.
In ein mit Eis gefülltes Collinsglas gießen.
Mit einem altmodischen, gestreiften
Trinkhalm servieren.

Dieser Drink war nahezu unbekannt, ehe
Sue Dugan, eine Mitarbeiterin der *Blues
Brothers*-Kostümcrew, den Regisseur John
Landis fragte, ob man im Film nicht den
früheren Arbeitgeber ihres Vaters erwähnen
könnte, die Orange Whip Corporation,
einen Hersteller von Softdrinks. Landis
fand die Idee gut und ließ seinen Darsteller
John Candy die Szene vollständig improvi-
sieren. Ob es nur um einen Gefallen ging
oder doch um Schleichwerbung, ist letzt-
endlich gleichgültig, weil die Firma längst
nicht mehr existiert. Nur dieser cremige
Cocktail erinnert noch an sie.

Jake und Elwood Blues sind in göttlicher
Mission unterwegs: Das Waisenhaus, in
dem sie aufgewachsen sind, braucht dringend 5000 Dollar, um es vor der Schlie-
ßung zu bewahren. Die beiden trommeln
ihre alte Band zusammen, wobei Akte mut-
williger Zerstörung und Schuldscheine ihren
Weg pflastern. Als sie endlich den Auftritt
organisiert haben, der ihre Probleme lösen
könnte, erwartet sie Burton Mercer mit einer
ganzen Armee von Cops hinter den Kulissen.
Während die Brüder sich auf verschlungenen
Pfaden zur Bühne vorarbeiten, erntet Cab
Calloway Ovationen mit seinem Klassiker
»Minnie the Moocher«. Mercer bestellt
Orange Whips für sich und seine Leute,
genau das Richtige, um sich in Gegenwart
versammelter Jazzgrößen zu erfrischen.

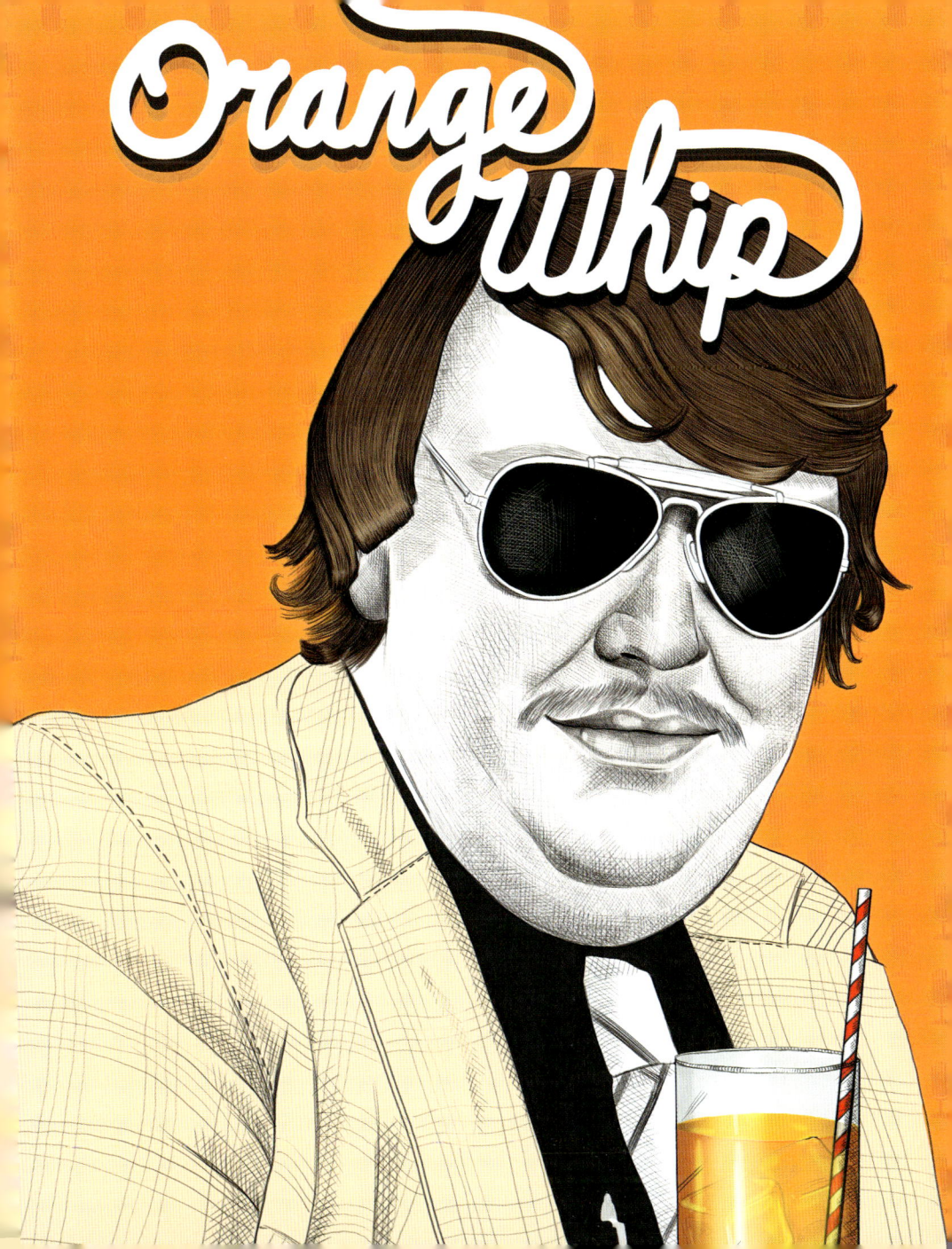

PANGALAKTISCHER DONNERGURGLER

Per Anhalter durch die Galaxis • 2005
Zaphod Beeblebrox / Sam Rockwell

25 ml Bourbon
25 ml Pfirsichbrand
100 ml Orangensaft
12 ml Blue Curaçao

Alle Zutaten im Shaker auf Eis schütteln.
In ein gekühltes Martiniglas abseihen.
Mit einer schmalen, über den Glasrand
drapierten Zitronenzeste servieren.

Dieses fiktive Gebräu erlebte seine Premiere
1978 in einem Hörspiel von BBC Radio 4, das
die Erdbewohner erstmals mit Douglas Adams'
unendlicher Geschichte *Per Anhalter durch die
Galaxis* bekannt machte. Seither tauchte es in
Romanen, Fernsehshows, Videospielen, Comics
und 2005 in einem Spielfilm auf. Bars rund
um den Planeten haben dazu Rezepte erson-
nen, von denen die meisten auf einen unglaub-
lich starken (und untrinkbaren) Cocktail
abzielen. Wir entscheiden uns lieber für
einen Drink von kosmischer Farbigkeit, dessen
Rezept ursprünglich aus einer Themenbar,
dem »Zaphod Beeblebrox« im kanadischen
Ottawa, stammen soll. Die zuckrige Süße und
der Bourbon kontrastieren überraschend gut
mit den Pfirsich- und Orangenaromen.

Zaphod Beeblebrox, zeitweiliger Präsident
der Galaxis, besitzt ein eigenes Raumschiff,
zwei Köpfe und drei Arme. Außerdem ist er
der Erfinder des Pangalaktischen Donner-
gurglers, des besten und stärksten Drinks
im ganzen Universum. Zaphod verträgt als
einziges Lebewesen drei davon in einer
Sitzung. Jedem anderen, der seine Lippen
mit dem Gesöff benetzen will, rät er, höchs-
tens zwei davon zu sich zu nehmen. Es fühle
sich an, »als ob man mit einem Goldbarren,
der in Zitronenscheiben gehüllt ist, das Gehirn
aus dem Kopf gedroschen bekommt«.

RAMOS FIZZ

The Doors • 1991
Jim Morrison / Val Kilmer

50 ml Gin
12 ml Zitronensaft
12 ml Limettenkonzentrat
19 ml Zuckersirup
3 Dashes Orangenblütenwasser
3 Tropfen Vanilleextrakt
1 Eiweiß
50 ml fettreduzierte Sahne
Sodawasser

Alle Zutaten bis auf das Sodawasser im Shaker ohne Eis eine Minute kräftig schütteln. Eis hinzufügen und schütteln, bis sich am Shaker Reif zeigt. In ein Collinsglas ohne Eis abseihen und mit Sodawasser aufgießen.

Der Ramos Gin Fizz heißt nach seinem Erfinder Henry C. Ramos, der den Drink 1888 in seinem »Imperial Cabinet Saloon« in New Orleans kreierte. Der ursprüngliche Name »New Orleans Fizz« hielt sich vereinzelt bis heute, seitdem sich der Drink in der Stadt des »Big Easy« schnell durchsetzte. Die Zubereitung ist zeitaufwendig. Auf dem Gipfel seines Erfolgs beschäftigte Ramos 33 Barkeeper, die ihre Shaker für das durstige Publikum schwangen. Das Rezept hütete Ramos bis zu seinem Tod während der Prohibition. Als Hommage veröffentlichte es sein Bruder Charles danach in Form eines ganzseitigen Inserats im Lokalblatt.

. . . .

Jim beschimpft die Polizisten in der New Haven Arena von der Bühne herab, nachdem er eine Dosis Pfefferspray in die Augen bekommen hat. Beim anschließenden Krawall wird er mit harter Hand von der Bühne gezerrt und verhaftet. Zu Hause in West Hollywood tröstet sich Jim in einer nahe gelegenen Absturzkneipe, dem »Barney's Beanery«, wo er den Gaumen zuerst mit Dos-Equis-Bier spült, ehe er zum Ramos Gin Fizz übergeht, den er schwungvoll hinunterstürzt, ehe er die Hose aufknöpft und sich an der Bar erleichtert. Solche Trinkgewohnheiten eignen sich nur für Leute, die keine Stammbar haben.

ROB ROY

Angels Over Broadway • 1940
Nina Barona / Rita Hayworth

38 ml schottischer Whisky
19 ml lieblicher Wermut
1 Dash Orangenbitter

Alle Zutaten in einem mit Eis gefüllten
Mixglas verrühren. In ein gekühltes
Martiniglas abseihen.

Der Rob Roy entspricht einem Manhattan,
aber mit Scotch als Basisalkohol. Angeblich
wurde der Drink im New Yorker »Waldorf
Astoria« zur Premiere der gleichnamigen
Operette kreiert, die im Oktober 1894 im
Herald Square Theatre stattfand. Ältere
Rezepte verwenden Wermut und Whisky zu
gleichen Teilen, seit etwa 1950 wurde der
Wermutanteil um die Hälfte reduziert.
Üblicherweise wählt man heute Angostura
als Bitter, allerdings empfiehlt *The Old
Waldorf Astoria Bar Book* von 1935 Oran-
genbitter. Weil es zum ausgewählten
Spielfilm und zu den zeitgenössischen
Gepflogenheiten passt, folgen wir dieser
Empfehlung gerne.

....

Bill, ein New Yorker Gauner, hat sich den
reichen Geschäftsmann Charles Engel als
nächstes Opfer ausgesucht und möchte ihn
am Kartentisch um seinen ganzen Besitz
erleichtern. Damit Engel sich leichter
einwickeln lässt, setzt Bill auf weiblichen
Charme und weiht die reizende Nina in
seinen hinterhältigen Plan ein. Beide
nippen an einem Rob Roy, während sie die
Details besprechen. Was sie nicht ahnen:
der gute alte Mr. Engel hat Unterschla-
gungen begangen und schuldet anderen
horrende Summen. Die anberaumte
Pokerpartie könnte die letzte Rettung für
den labilen Selbstmordkandidaten sein.

RUM COLLINS

Feuerball • 1965
James Bond / Sean Connery

50 ml weißer Rum
12 ml Limettenkonzentrat
12 ml Zuckersirup
2 Dashes Angostura
Sodawasser

Alle Zutaten bis auf das Sodawasser
in einem mit Eis gefüllten Collinsglas
verrühren. Mit Sodawasser auffüllen und
sanft verrühren. Mit einem Limettenschnitz und Trink-
halm servieren.

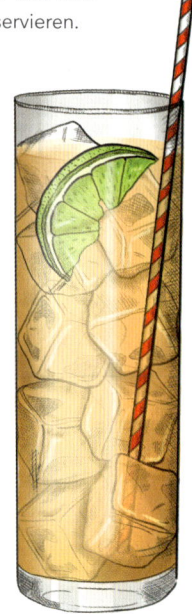

Der Collins hat sich vom simplen Gin-Long-
drink Tom Collins zu einer ganzen Drinkfamilie gemausert, in der die launigen
Vornamen jeweils auf den Basisalkohol
anspielen. Bekannt sind unter anderem
John Collins (Bourbon), Comrade [Genosse]
Collins (Wodka), José Collins (Tequila),
Pierre Collins (Brandy), Mike Collins
(irischer Whiskey) und Pedro Collins
(weißer Rum). Letzterer entspricht dem
hier vorgestellten Rezept.

. . . .

James Bond hat seinen Tauchgang unter
der Yacht des Superschurken Largo mit
knapper Not überlebt. Dass die entführten
Atombomben nicht an Bord der *Disco
Volante* sind, weiß Bond jetzt. Aber er will
seinem Gegenspieler persönlich gegenüber-
treten. Einer Einladung auf Largos Land-
sitz, der als karibische Zentrale der
Geheimorganisation »Phantom« fungiert,
kommt Bond daher gerne nach. Hier
bekommt er nicht nur einen Rum Collins
serviert, der Geheimagent erhält auch eine
geführte Tour durch das Anwesen. Dabei
sticht vor allem das Bassin mit Goldgrot-
tenhaien ins Auge. Noch weiß 007 nicht,
dass er bei seinem Einbruch in der folgenden Nacht dieses Haifischbecken näher
kennenlernen wird, als ihm lieb ist. Nur
seine Spezialausrüstung kann ihn dann
retten.

SANGRIA

Natürlich blond 2 • 2003
Elle Woods / Reese Witherspoon

75 ml Rotwein
12 ml Brandy
25 ml Orangensaft
12 ml Zitronensaft
12 ml Zuckersirup
Sodawasser

Die Zutaten bis auf das Sodawasser in
ein mit Eis gefülltes Hurricaneglas gießen.
Mit Zitronen- und Orangenscheiben sowie
Sodawasser auffüllen und sanft verrühren.
Mit frisch geriebener Muskatnuss bestäuben
und mit aufgespießter Kirsche und
Orangen-
schnitt sowie
Schirmchen
servieren.

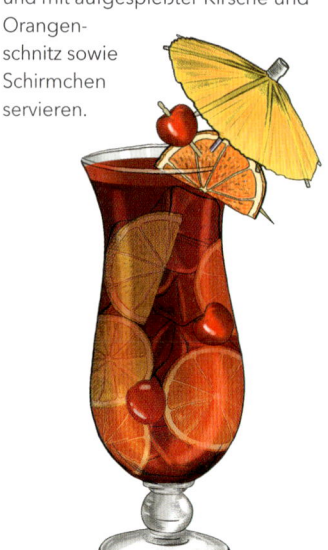

Die Sangría in ihrer heutigen Zubereitungs-
weise ist seit dem frühen 18. Jahrhundert
bekannt. Möglicherweise reicht die Tradition noch viel weiter zurück, vielleicht
sogar bis zu den Anfängen der Weinkultur.
Die Idee dazu entstand wohl beim Versuch,
minderwertigem Rebensaft zu mehr Aroma
zu verhelfen oder ihm eine erfrischende
Note zu geben. Der Name leitet sich vom
spanischen Wort *sangre* für »Blut« ab, eine
naheliegende Bezeichnung angesichts der
intensiven Purpurtöne der Flüssigkeit, die
sich zeigen, wenn das Getränk als Longdrink mit Eis serviert wird.

. . . .

Eine Kampagne gegen Tierversuche führt
die gerade von ihrer Kanzlei gefeuerte Jung-
Anwältin Elle Woods in die US-Hauptstadt
Washington. Dort will sie dem Kongress
eine entsprechende Gesetzesinitiative
(»Brutus-Vorlage«) unterbreiten. Diese muss
jedoch im Hohen Haus zuerst die Hürde
einer Anhörung nehmen. Eine ganz und
gar in Pink ausstaffierte Juristin wie Elle
sieht man im politischen Machtzentrum
des Landes nicht alle Tage, ebenso wie den
farblich abgestimmt angezogenen Chihua-
hua, den sie mit sich herumträgt. Elle plant
bereits die Party, mit der sie die Vorlage des
Gesetzentwurfs feiern will, und bei der die
Sangría in Strömen fließen soll. Sogar dem
Komitee, das die Anhörung durchführt,
schwärmt sie vor, wie toll sie schmeckt.

SAZERAC

Leben und sterben lassen • 1973
James Bond / Roger Moore

25 ml Absinth
50 ml Rye Whiskey
12 ml Zuckersirup
2 Dashes Peychaud's Bitters

Ein gekühltes Old-Fashioned-Glas mit Absinth ausschwenken, mit zerstoßenem Eis füllen und in den Kühlschrank stellen. Die übrigen Zutaten in einem mit Eis gefüllten Mixglas verrühren. Das Old-Fashioned-Glas aus dem Kühlschrank nehmen, das Eis wegschütten und den Inhalt des Mixglases abseihen. Ein Stück Zitronenschale über dem Glas zum Twist verdrehen und in den Drink legen.

Der Sazerac wird häufig in einem Atemzug mit New Orleans genannt. Namensgeber war eine Cognacmarke, Sazerac de Forge & Fils, die Aaron Bird ab etwa 1850 in die Stadt importierte. Bird eröffnete das »Sazerac Coffee House« und kombinierte die Spirituose mit dem am Ort hergestellten Peychaud's Bitters. Nach 1870 verheerte die aus Amerika eingeschleppte Reblaus europäische Weinberge. Das brachte wiederum den Cognac-Nachschub von der anderen Seite des Atlantiks zum Erliegen, weswegen man auf Rye Whiskey umstieg, der seither der bevorzugte Basisalkohol für diesen Drink ist. 2008 wurde der Sazerac zum offiziellen Drink von New Orleans ausgerufen.

. . . .

James Bond soll in New Orleans den Mörder mehrerer MI6-Agenten aufspüren. Gemeinsam mit dem CIA-Kollegen Felix Leiter ist er dem karibischen Diplomaten Dr. Kananga auf den Fersen. Die Suche nach Informationen führt die Agenten in das Bistro »Fillet of Soul«, wo sie natürlich den Lokalfavoriten Sazerac bestellen. Leiter lässt seinen Partner nur für einen Augenblick allein zurück. Der Tisch, an dem Bond auf die Drinks wartet, versinkt plötzlich im Boden. Bald steht 007 dem Gangster Mr. Big (und überraschenderweise auch dessen Alter Ego Kananga) gegenüber.

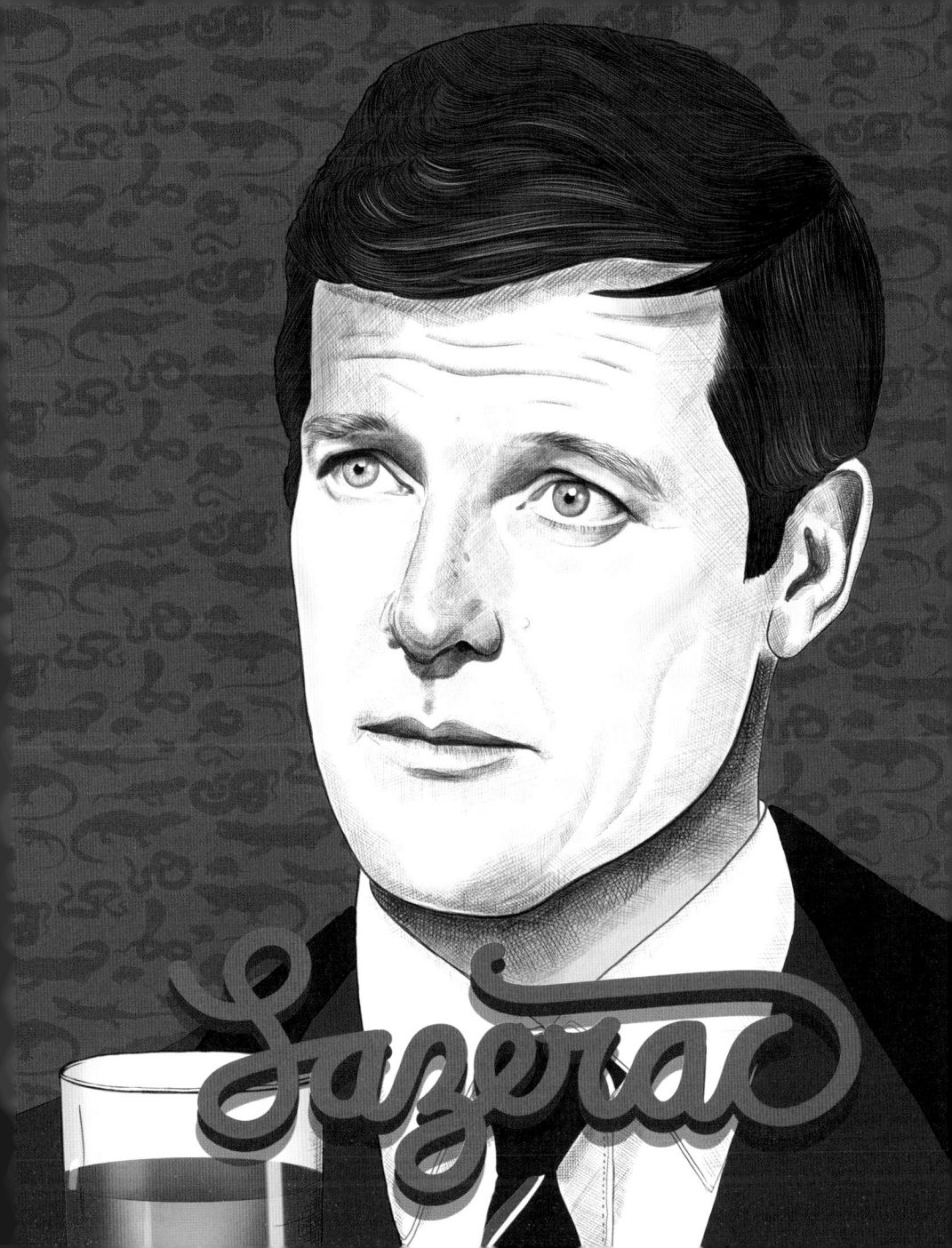

SCOTCH MIST

Tote schlafen fest • 1946
Vivian Rutledge / Lauren Bacall

50 ml schottischer Whisky
zerstoßenes Eis
1 Stück Zitronenschale

Ein Old-Fashioned-Glas bis zum Rand
mit zerstoßenem Eis füllen. Den Whisky
darüber gießen. Ein Stück Zitronenschale
über dem Glas zum Twist verdrehen und
in den Drink legen.

Dieser minimalistische Drink ist wie ein
Slush, aber für Erwachsene. Der Whisky
wird eiskalt genippt und vom fein zerstoßenen, langsam schmelzenden Eis verdünnt.
Nur der Zitronentwist sorgt für zusätzliches
Aroma, das den Alkohol subtil ergänzt und
die Fülle des Whiskygeschmacks abrundet.
Hier kommt es auf die Wahl des richtigen
Whiskys an, so wie beim Old Fashioned
und ähnlich simpel aufgebauten Drinks.
Eine minderwertige Spirituose verrät sich
hier sofort, weil sie sich nicht hinter
anderen Aromen verstecken kann.

Philip Marlowe, ein Privatdetektiv aus
Los Angeles, soll auf die Tochter eines
reichen Generals aufpassen. Carmen und
ihr Vater werden erpresst. Während sich
das Netz aus Lügen, Erpressung und Mord
laufend verdichtet und die Situation immer
verwickelter wird, fällt es Marlowe schwer,
sich auf seine Aufgabe zu konzentrieren.
Die andere Tochter des Generals, Vivian,
ist eine verführerische Schönheit. Marlowe
dämmert beim Nippen an seinem Scotch
Mist allmählich, dass er sich in sie verliebt hat.

SCREWDRIVER

Jackie Brown • 1997
Ordell Robbie / Samuel L. Jackson

50 ml Wodka
Orangensaft

Den Wodka in ein mit Eis gefülltes Old-Fashioned-Glas gießen. Mit Orangensaft auffüllen und sanft verrühren.

Ein rudimentärer Highball, der sich beliebig variieren lässt. Die Entstehung des Screwdriver wird einer Marketing-Offensive von Smirnoff in den 1930er-Jahren zugeschrieben. Andere Entstehungsmythen spielen nach 1950 und ranken sich meist um amerikanische Piloten, Ölbohrplattformen und G.I.s an exotischen Einsatzorten, die ihren mit Wodka aufgebesserten Saft angeblich mit Schraubenziehern umrührten. Zu den bekannteren Varianten zählen der Sloe Screw (mit Schlehenlikör), der Comfortable Screw (mit Southern Comfort), der Royal Screw (mit Chambord), der Double Screw (mit Triple Sec) und der Harvey Wallbanger (mit Wodka und Galliano-Likör).

. . . .

Der Waffenschieber Ordell Robbie hängt an einem heißen kalifornischen Nachmittag mit seinem Kumpel Louis in Hermosa Beach ab. Auf dem Sofa ziehen sie sich *Chicks Who Love Guns* rein, eine bizarre, aber für die Fans modernster Sturmgewehre und Selbstladepistolen höchst unterhaltsame TV-Sendung. Die beiden schmachten die Frauen an, während diese auf dem Bildschirm ihre zerstörerischen Anwandlungen ausleben, und halten ihre Drinks immer schön kühl, was vor allem bei Ordells unentbehrlichem Screwdriver wichtig ist.

SEA BREEZE

French Kiss • 1995
Kate / Meg Ryan

50 ml Wodka
150 ml Cranberrynektar
38 ml Grapefruitsaft

Alle Zutaten in ein mit Eis gefülltes
Highballglas gießen und sanft verrühren.
Mit Trinkhalm und einem auf den
Glasrand gesteckten Limettenschnitz
servieren.

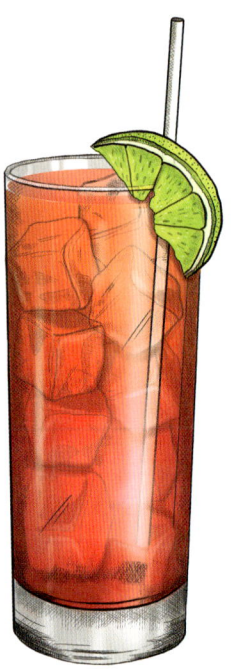

Der nach 1920 in Amerika eingebürgerte
Sea Breeze hat im Lauf der Zeit eine
enorme Wandlung vollzogen. Das *Café
Royal Cocktail Book* von William J. Tarling,
das die United Kingdom Bartenders Guild
1937 herausbrachte, schrieb noch Gin,
Apricot Brandy, Grenadine und Zitronensaft
als Bestandteile vor. Dieses Mixgetränk
scheint sich nicht recht durchgesetzt zu
haben. Die Vermarktung von Cranberrynektar nach 1950 brachte den Cape Codder
hervor, eine Variante, die das Originalrezept verdrängte und sich seither auch
den Namen des ursprünglichen Sea Breeze
angeeignet hat.

. . . .

Kate hat den weiten Weg von Kanada nach
Frankreich angetreten, um ihren Verlobten
Charlie zurückzuerobern. Dieser hat nämlich die bevorstehende Hochzeit abgebla-
sen, weil er einer französischen Schönheit
verfallen ist. Als Kate ihren fahnenflüch-
tigen Bräutigam endlich am Strand von
Cannes aufgespürt hat, macht sie auf cool
und bestellt einen eisigen Longdrink –
den Sea Breeze. Sie präsentiert dem Ex den
gallischen Charmeur Luc, einen Betrüger,
dessen einzige Aufgabe es ist, Charlie
eifersüchtig zu machen. Irgendwann glaubt
Kate allerdings selbst daran, dass sie die
gescheiterte Beziehung überwunden und
eine neue Liebe gefunden hat.

SEX ON THE BEACH

Hysterical Blindness • 2002
Beth / Juliette Lewis

50 ml Wodka
12 ml Pfirsichlikör
38 ml Orangensaft
38 ml Cranberry-Fruchtsaftgetränk

Alle Zutaten in ein mit Eis gefülltes
Highballglas gießen. Verrühren oder
in Schichten belassen (wegen der
reizvollen Farbübergänge). Mit einem
Orangenschnitz und
langen Trinkhalmen
servieren.

Angeblich entstand der Drink 1987 in
Florida, weil ein Spirituosenvertrieb eine
Prämie von 1000 Dollar für diejenige Bar
ausgelobt hatte, die den höchsten Umsatz
mit einem brandneuen Pfirsichlikör vorwei-
sen konnte. Auch dem Barkeeper winkten
100 Dollar. Ted Pizio vom »Confetti's« in
Fort Lauderdale nahm die Herausforderung
an. Für den Namen seiner Kreation ließ er
sich davon inspirieren, was Touristen vor
allem während des berüchtigten »Spring
Break« anzieht. Viele Gäste bestellten den
neuartigen Drink nach Ferienende auch zu
Hause. Weil die dortigen Barkeeper hin-
sichtlich des Rezepts im Dunkeln tappten,
entstanden zahlreiche neue Variationen.

· ·

Debby und Beth wollen Liebe. Aus uner-
findlichen Gründen hoffen beide, sie in der
Absturzkneipe »Ollie's« zu finden. Während
sich das Duo in der Damentoilette auf-
hübscht, wird die Getränkefolge für den
Abend festgelegt: zuerst kurze Tequilas mit
Salz, danach Bier. Voll Selbstvertrauen
lassen sie sich an der Bartheke nieder und
warten darauf, dass ein Mann sie anspricht,
auf den beide ein Auge geworfen haben.
Bobby scheint sich jedoch mehr für Beth zu
interessieren, die aufgeregt einen Sex on
the Beach bestellt. Debby fragt sich, warum
Beth den verabredeten Trinkerpakt bricht,
und hält das Ganze nur für einen Flirt.
Schließlich ist Flirten unvermeidlich, wenn
man diesen Drink ordert.

SIDECAR

Fegefeuer der Eitelkeiten • 1990
Arthur Ruskin / Alan King

38 ml Cognac
19 ml Orangenlikör
19 ml Zitronensaft

Alle Zutaten im Shaker auf Eis schütteln.
In eine gekühlte Champagnerschale
abseihen. Eine Zitruszeste ins Glas legen.

Die Zutaten dieses Cocktails deuten auf einen
französischen Ursprung hin, seine Berühmtheit
verdankt er aber Pat MacGarry, einem bekannten
Barkeeper im »Buck's Club« in London, der ihn
um 1910 bekannt machte. Wenn die Zutaten zu
gleichen Teilen abgemessen werden, gilt dies als
»französischer Stil«, was dem Originalrezept
wohl am nächsten kommt. Der spätere »engli-
sche Stil« mit einer dominanten Cognacnote
wird heute in den meisten Bars bevorzugt.
Unabhängig davon, wie der Sidecar zubereitet
wird, finden ihn manche Gäste mit Limettenkonzentrat zu sauer. Deshalb servieren ihn einige
Bars in einem Glas, dessen befeuchteter Rand
zuvor in Zucker getaucht wurde, oder reduzie-
ren den Anteil der Limette.

· ·

Peter Fallow arbeitet als Reporter für ein Boule-
vardblatt. Seinen Recherchen zufolge ist Sher-
man McCoy, ein reicher Börsenmakler, in einen
Unfall mit Fahrerflucht verwickelt. Dabei wurde
ein Teenager aus der Bronx so schwer verletzt,
dass er im Koma liegt. Fallows sensationell auf-
gemachte Berichte heizen die Stimmung auf und
sind auch karrierefördernd. Er verabredet sich
auf einen Drink mit Arthur, dem Ehemann der
Geliebten McCoys. Tatsächlich war sie es, die
in der schicksalhaften Nacht das Auto steuerte.
Gelingt es Fallow, dem gehörnten Gatten der
Luxusdame etwas zu entlocken? Sidecars heben
die Stimmung des alten Knaben, der angeregt
plaudert … bis er plötzlich tot zusammenbricht,
zum Entsetzen der vornehmen Gäste, die an den
benachbarten Tischen dinieren.

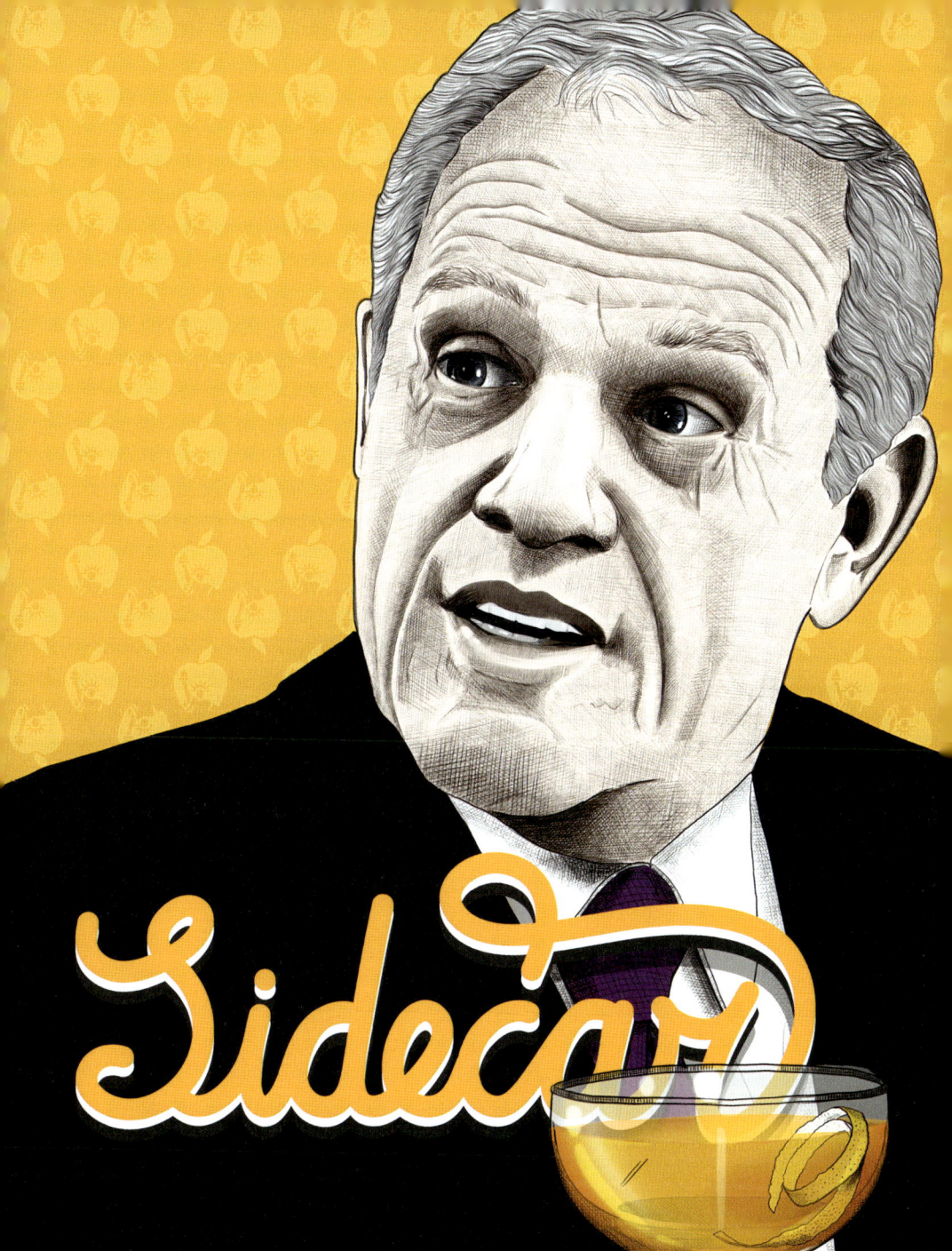

SINGAPORE SLING

Fear and Loathing in Las Vegas • 1998
Raoul Duke / Johnny Depp

38 ml Gin
12 ml Kirschlikör
6 ml Cointreau
6 ml D.O.M. Bénédictine
8 ml Grenadine
75 ml Ananassaft
25 ml frisch gepresster Zitronensaft
1 Dash Angostura

Alle Zutaten im Shaker auf Eis schütteln und in ein mit Eis gefülltes Slingglas abseihen. Mit einem Ananasstück und einer Cocktailkirsche am Spieß servieren.

Dieser Sling wurde 1915 in der Long Bar des »Raffles«-Hotels in Singapur kreiert. Er stellte die zeitgemäße Antwort auf die amerikanischen Gin Slings dar, die bis ins 18. Jahrhundert zurückreichen und als »aromatisierte, gesüßte und gekühlt servierte Drinks mit Gin« beschrieben wurden. In seiner gelungenen Neuinterpretation fing Barkeeper Ngiam Tong Boon die ganze Kolonialatmosphäre in einem wahren Monsunregen an Aromen ein: Gin und Grenadine aus England oder den Niederlanden, Heering Cherry aus Dänemark, Cointreau und Bénédictine aus Frankreich, Angostura aus Deutschland und tropische Früchte.

Im Innenhof der Polo Lounge des »Beverly Hills« beginnt die irre Odyssee von Raoul Duke und seinem Anwalt Dr. Gonzo durch die Wüste. Nachdem beide einen ganzen Tisch voll Singapore Slings mit reichlich Mezcal dazu konsumiert haben, nimmt Raoul einen Anruf am leuchtend pinkfarbenen Bartelefon entgegen. Es ist die Anweisung, nach Las Vegas aufzubrechen, von wo die beiden über das Mint-400-Motorradrennen berichten sollen. Klingt wie ein einfacher Job, aber Alkohol und Drogen machen die Reise zu einem echten Trip – in jeder Hinsicht.

STINGER

Freundinnen • 1988
CC Bloom / Bette Midler

50 ml Cognac
19 ml Crème de Menthe Blanche

Die Zutaten in einem mit Eis gefüllten Mixglas 30 Sekunden verrühren. In ein gekühltes California-Cocktailglas abseihen.

Der Stinger hat in jüngster Zeit sehr an Boden verloren. Um die Mitte des 20. Jahrhunderts wurde er als Absacker häufig in Spielfilmen und Songs erwähnt. Er gilt auch als Katermittel, und tatsächlich bekommt dieses Getränk durch die feurige Schärfe des Brandy und die reinigende Kühle der Minze etwas von einer Medizin. Mit der Zeit wurde der Anteil der Crème de Menthe abgeschwächt, um dem Stinger ein wenig von seinem Charakter als Mundspülung zu nehmen. Seit seinem ersten Auftauchen um 1910 sind viele Variationen entstanden. Grüne Crème de Menthe macht aus dem Drink einen Grasshopper, mit Wodka anstelle von Cognac mutiert er zum Wodka-Stinger.

. . . .

Vor nahezu leeren Tischen singt sich CC Nacht für Nacht im Club das Herz aus dem Leib. Ihr grenzenloser Optimismus wirkt ansteckend auf die wenigen Besucher, deren Enthusiasmus wiederum CC anspornt. Mit ihrem Lieblingsdrink, dem Stinger, entspannt sie sich gerade an der Bar, als eine hochgewachsene Brünette den Club betritt und freundlich lächelnd direkt auf sie zugeht. Die Fremde sagt, sie habe so lange von diesem Moment geträumt. Ist sie eine Bewunderin? Eine Stalkerin? Es ist Hilary, ihre Freundin aus Kindertagen. Die Begegnung verheißt eine Welt voll Abenteuer, die nur auf die beiden warten.

STOLI MARTINI MIT ZITRONENSCHALE

Blue Jasmine • 2013
Jasmine French / Cate Blanchett

50 ml Wodka
12 ml trockener Wermut
1 Stück Zitronenschale

Die Zutaten in einem mit Eis gefüllten
Mixglas 30 Sekunden verrühren. In ein
gekühltes Martiniglas abseihen. Den
Streifen der Schale einer unbehandelten
Zitrone der Länge nach gefaltet über dem
Drink ausdrücken, um ätherische Öle
freizusetzen. Den Glasrand mit der Zeste
einreiben, diese spiralförmig verdrehen
und in den Drink legen.

Beim Wodka-Martini sorgt die Ersetzung
des traditionellen Basisalkohols Gin durch
Wodka für den zusätzlichen Kick. Zuerst
erscheint diese Variante in Ted Sauciers
Buch *Bottoms Up* von 1951. Sie gehört zu
James Bonds Lieblingsdrinks, unterscheidet
sich aber vom Vesper-Martini, den Ian
Fleming für den Roman *Casino Royale*
erdacht hatte und der einen speziellen Mix
aus Gin, Wodka und Aperitif-Wein darstellt.
Weil der Wodka hier die Schlüsselrolle
spielt, sollte man bei der Qualität dieser
Zutat keine Abstriche machen – davon
abgesehen sind Experimente aber durchaus
erlaubt. Jasmine bevorzugt Stolichnaya
und bestellt sich deshalb mit Kennermiene
einen »Stoli«.

. . . .

Jasmine drängt es, jemandem ihr Herz
auszuschütten, und da kommt ihr die
Sitznachbarin im Flugzeug gerade recht.
Unentwegt plappert Jasmine über ihren
Ehemann und darüber, welch schönes
Dasein ihr einmal beschieden war. Exoti-
sche Reiseziele, ein erfülltes Liebesleben.
Jetzt wird sie von Neurosen und Ängsten
geplagt, die sie nicht mehr in den Griff
bekommt. Ihre Ärzte beschränken sich
darauf, sie mit Medikamenten vollzu-
pumpen. Die einen nennen das einen
Cocktail, aber für Jasmine gibt es nur eines,
was diesen Namen wirklich verdient: den
Stoli Martini.

SWEET VERMOUTH AUF EIS MIT ZITRONENSCHALE

Und täglich grüßt das Murmeltier • 1993
Phil Connors / Bill Murray

50 ml lieblicher Wermut
1 Stück Zitronenschale

Den Wermut in ein mit Eis gefülltes
Rocksglas gießen. Einen Streifen Schale
von einer unbehandelten Zitrone
abschneiden, diesen der Länge nach
gefaltet über dem Drink ausdrücken,
um die ätherischen Öle freizusetzen.
Die Zeste spiralförmig verdrehen und
in den Drink legen. Mit einem kurzen
Trinkhalm servieren.

Der heute bekannte liebliche Wermut entstand
im 18. Jahrhundert im savoyischen Turin.
Marken wie Cinzano haben den Aperitif danach
auf dem ganzen Kontinent verbreitet und schick
gemacht. Der Name »Wermut« verweist auf eine
Jahrhunderte zurückreichende Tradition von
aromatisierten und aufgespriteten Weinen mit
diesem Heilkraut. Ob lieblich oder trocken,
Wermut enthält Wein, mehr oder weniger
Zucker, zugesetzten Alkohol und verschiedene
pflanzliche Bestandteile: Wurzeln, Baumrinde,
Blüten, Samen, Kräuter und Gewürze. Die
Hersteller halten ihre Rezepte geheim, und wir
können über das vielschichtige Aroma ihrer
Produkte nur staunen.

. . . .

Der arrogante TV-Wetteransager Phil wird als
Berichterstatter nach Punxsutawney in Penn-
sylvania geschickt, wo man jährlich den »Tag
des Murmeltiers« als Winterritual begeht. Der
Ort wird eingeschneit und der Zyniker Phil
gerät unerklärlicherweise in eine Zeitschleife,
die ihn immer wieder denselben Tag erleben
lässt. Er findet bald heraus, wie er seinen
Nutzen aus diesem ewig währenden Tag ziehen
kann. Um das Vertrauen seiner Produzentin
Rita zu gewinnen und ihr näher zu kommen,
bestellt er an der Bar jedes Mal wieder ihr
Stammgetränk und prostet ihr mit ihrem
gewohnten Trinkspruch zu, der den Weltfrieden
beschwört. Wer könnte da widerstehen?

TEQUILA SUNRISE

Tequila Sunrise • 1988
Dale »Mac« McKussic / Mel Gibson

50 ml Tequila
Orangensaft
17 ml Grenadine

Tequila in ein mit Eis gefülltes Highballglas gießen, mit Orangensaft auffüllen
und sanft verrühren. Grenadine auf den
Drink träufeln, wobei ein Farbeffekt
entsteht, weil der Sirup zum Glasboden
absinkt. Mit einem Orangenschnitz und
Cocktailkirsche am Spieß servieren.

Das »Arizona Biltmore Hotel« in Phoenix
gilt als Heimat dieses Klassikers. Um 1940
bestellte angeblich ein Stammgast bei
Barkeeper Gene Sulit ein Getränk, das so
erfrischend wie überraschend sein sollte.
Sulit kreierte daraufhin etwas mit Crème
de Cassis. Das moderne Rezept mit Grenadine haben nach 1970 Bobby Lazoff und
Billy Rice im »Trident« im kalifornischen
Sausalito erdacht. Keith Richards be-
schreibt in seiner Autobiografie, wie Mick
Jagger den Drink dort 1972 während einer
Tournee der Rolling Stones für sich ent-
deckte. Der Sänger steckte mit seiner
Begeisterung die ganze Tourneecrew an,
weswegen die Konzertreise gruppenintern
als »Kokain- und Tequila-Sunrise-Tour«
in die Annalen einging.

. . . .

Ist es ratsam, als erfolgreicher Drogen-
dealer plötzlich rechtschaffen werden zu
wollen? Jeder misstraut dir, selbst deine
Freunde. »Mac« McKussic will eigentlich
ganz entspannt in einem Restaurant zu
Abend essen, als sein Kumpel Nick –
gerade zum Leutnant der Polizei von Los
Angeles befördert – dienstlich wird und
unangenehme Fragen stellt, Freundschaft
hin oder her. Mac beteuert seine Unschuld,
ist aber mit seinen Gedanken woanders.
Die Restaurantbesitzerin, eine attraktive
Blondine, die ihn mit Tequila Sunrises
versorgt, gefällt ihm ausnehmend gut.

TOM COLLINS

Meine Braut, ihr Vater und ich • 2000
Jack Byrnes / Robert De Niro

50 ml London Gin
25 ml frisch gepresster Zitronensaft
12 ml Zuckersirup
Sodawasser

Die Zutaten bis auf das Sodawasser
in einem mit Eis gefüllten Collinsglas
verrühren. Mit Sodawasser auffüllen.
Mit einem Zitronenschnitz und einer
Cocktailkirsche servieren.

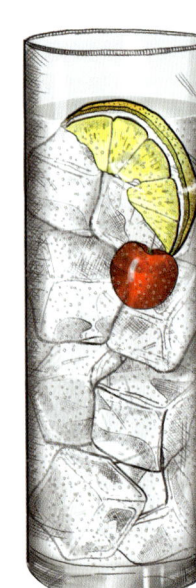

Der Tom Collins gehört zu den ältesten
Cocktails. Er entstand in den turbulenten
Jahren um 1800, obwohl umstritten ist, auf
welcher Seite des Atlantiks. Zugeschrieben
wird die Erfindung einem Barkeeper namens
John Collins im »Limmers Old House« im
Londoner Stadtteil Mayfair. Im Jahr 1874 war
es wiederum in New York und anderswo ein
beliebter Schabernack, Menschen auf der
Straße zu fragen, ob sie einen gewissen Tom
Collins gesehen hätten. Der erzähle nämlich in
einer Bar um die Ecke dreiste Lügen über sie.
So oder so verkörpert dieses simple Getränk
das Mixen in Reinkultur: Aus drei zentralen
Grundelementen – Spirituose, Säure und
Süße – entsteht mit Sodawasser ein erfri-
schender Longdrink.

. . . .

Jack Byrnes ist der misstrauischste Vater
überhaupt. Als seine Tochter und ihr Freund
im trauten Heim der Familie erscheinen, damit
Greg um Pams Hand anhalten kann, begrüßt
Jack sie mit seinem Lieblingsdrink, dem Tom
Collins. Greg erklärt, dass er sozusagen eine
Krankenschwester ist, also Pfleger. Die Ent-
scheidung seines Schwiegersohns in spe für
diese Laufbahn leuchtet Jack nicht recht ein.
Er hat aber keine Probleme damit, seine
überaus traditionellen Wertvorstellungen
mit einer Vorliebe für hochmoderne Über-
wachungsanlagen zu vereinbaren. Mit einem
Hinweis auf versteckte Kameras macht er
Greg klar, dass er ihn im Auge behalten wird.

TROPICAL ITCH

The Wrong Missy • 2020
Missy / Lauren Lapkus

25 ml Bourbon
25 ml 151-Proof-Rum
12 ml Orange Curaçao
125 ml Passionsfruchtsaft
25 ml schwarzer Rum
1 Dash Angostura

Die ersten vier Zutaten im Shaker auf Eis schütteln. In ein mit Eis gefülltes Hurricaneglas abseihen. Den schwarzen Rum darüber träufeln und einen Dash Bitter dazugeben. Mit einer Ananasspalte und – falls vorhanden – einem Rückenkratzer aus Bambus garnieren.

Harry Yee hat neben »Trader Vic's«, »Don the Beachcomber« und anderen entscheidend zur Verbreitung des Tiki-Cocktail-Stils um die Mitte des 20. Jahrhunderts beigetragen. Als Chef-Barkeeper im »Hilton Hawaiian Village« in Waikiki hat er über mehr als dreißig Jahre hinweg klassische Tikidrinks wie den Blue Hawaii, den Hawaiian Eye und den Tropical Itch kreiert. Von diesem Cocktail gibt es viele Varianten, manche davon mit Ananassaft zur Abrundung des Passionsfruchtaromas, während manche Barkeeper Orgeat-Mandelsirup für die besondere tropische Note verwenden. Einigkeit besteht auf jeden Fall über die ungewöhnliche Dekoration: Anstelle von Cocktailrührer oder bunten Schirmchen erwartet die Gäste ein Rückenkratzer aus Bambus, um dem tropischen Juckreiz abzuhelfen.

. . . .

Der Wochenendausflug nach Hawaii, den die Firma für die Belegschaft organisiert, lässt sich für Tim vielversprechend an. Kurz zuvor ist dem eher biederen Durchschnittstyp die Traumfrau begegnet. Ganz zufällig lief ihm Melissa am Flughafen über den Weg. Sie ist wie ein Sechser im Lotto: Schönheitskönigin, außerdem intelligent und humorvoll. Melissa wäre das ideale Date für den Ausflug ins Hula-Paradies. Mit ihr an seiner Seite könnte Tim vor den Kollegen renommieren. Es gibt nur ein Problem: jene Melissa, mit der er per SMS geflirtet hat und die er jetzt einlädt, ist die falsche. Mit ihr hatte er nur ein einziges, katastrophal verlaufenes Blind-Date. Die Verwechslung bemerkt Tim aber erst, als »Missy« im Flugzeug nach Hawaii auftaucht. Ab jetzt geht es rund. Der Begrüßungsdrink im luxuriösen Hotel, der alkoholgeladene Tropical Itch, bringt die vorlaute Missy in Stimmung für ein Wochenende, bei dem keine Peinlichkeit ausgelassen wird.

TURQUOISE BLUE

Cocktail • 1988
Brian Flanagan / Tom Cruise

25 ml weißer Rum
12 ml Triple Sec
12 ml Blue Curaçao
25 ml Limettenkonzentrat
38 ml Ananassaft

Alle Zutaten im Shaker auf Eis schütteln.
In ein gekühltes Martiniglas abseihen.
Mit einem kurzen Trinkhalm servieren.

Den entscheidenden Schub verdankt der Turquoise Blue vermutlich seinem Auftritt im Erfolgsfilm *Cocktail* von 1988. Davor war er als Turquoise Daiquiri bekannt, eine ins Blaue spielende und liebliche Variante des kubanischen Klassikers. Der Daiquiri ist sehr wandlungsfähig. Seine Hauptzutaten wie Limettensaft, weißer Rum und Zucker laden geradezu zur Kombination mit einer Vielfalt von Aromen ein, die von Ananas bis Ylang-Ylang reichen. Der Fantasie sind nahezu keine Grenzen gesetzt

....

Das Barkeeperduo Doug und Brian hat beim Besitzer des »Cell Block«, der angesagtesten Bar der Stadt, tiefen Eindruck hinterlassen. Er findet, dass sie ihr Flair und Charisma in dem »Loch« vergeuden, in dem sie bisher arbeiten, und wirbt sie ab. An ihrer neuen Wirkungsstätte beglücken beide Yuppies, Fashionistas und Trendsetter mit ihren artistischen Einlagen. Nachdem Brian auf dem Tresen stehend ein improvisiertes Gedicht zum Besten gegeben hat, bestellt Coral, die als Fotografin für den *Rolling Stone* arbeitet, einen »Orgasmus«. Er schlägt ihr anstelle des anrüchigen Partydrinks einen Turquoise Blue vor. Diesen leuchtend blauen Drink mixt er zusammen mit Doug nach allen Regeln der Showkunst nur für Coral. Vielleicht kommt er später auf ihre ursprüngliche Bestellung zurück, nachdem sie ihn in ihr Apartment eingeladen hat.

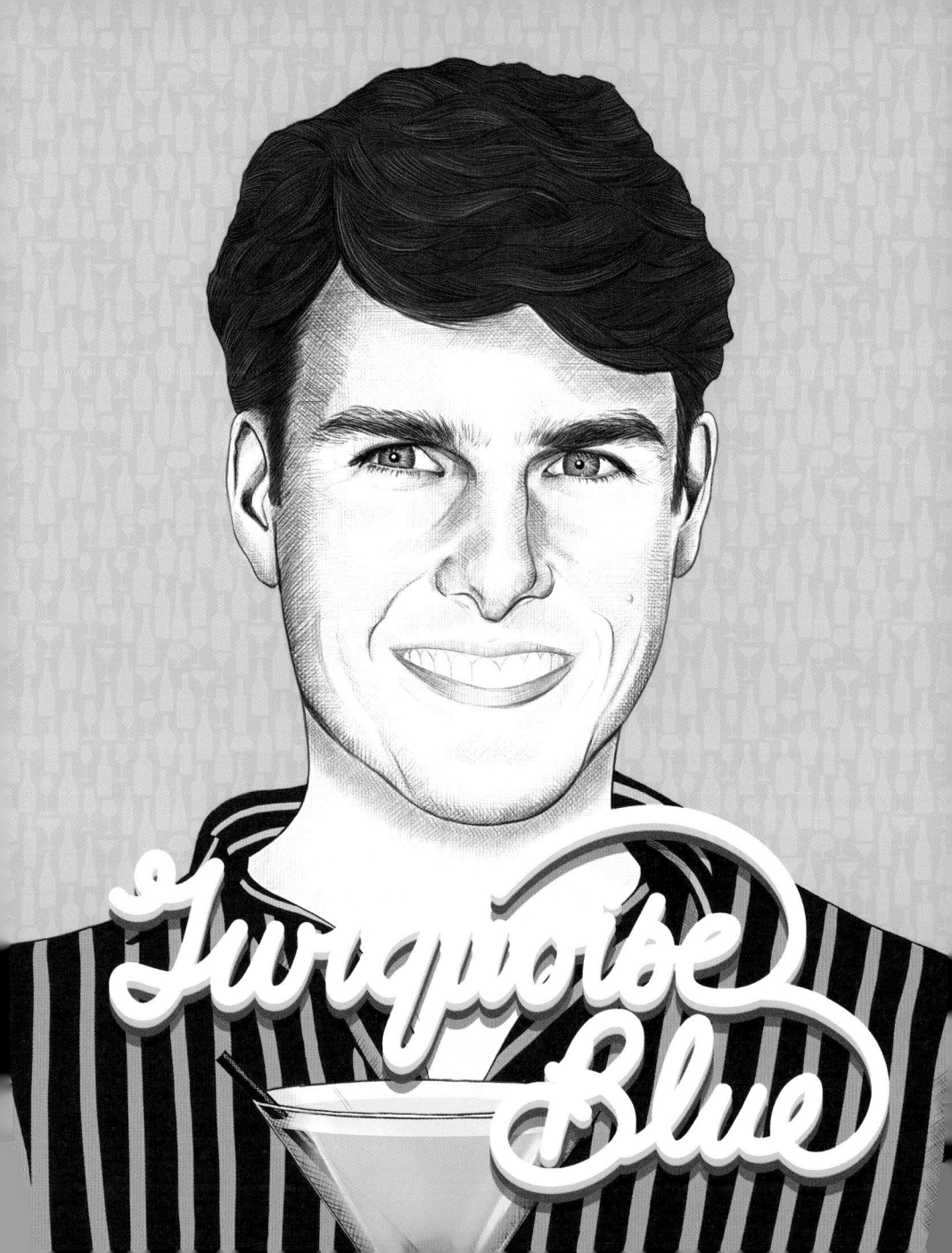

VIRGIN PIÑA COLADA

Death Proof – Todsicher • 2007
Stuntman Mike / Kurt Russell

150 ml Ananassaft
50 ml Cream of Coconut
25 ml fettreduzierte Sahne

Alle Zutaten mit einer Tasse (etwa 120 g)
zerstoßenem Eis vermischen. In einem
gekühlten Hurricaneglas servieren. Mit
einer Ananasspalte und einer Cocktailkirsche am Spieß sowie Trinkhalm
servieren. Beim Original wird Cream
of Coconut durch 50 ml
weißen Rum ersetzt.

Das puerto-ricanische Nationalgetränk ist
ein cremiger Genuss mit vielen Eltern.
Das Restaurant »Barrachina« in San Juan
beansprucht die Urheberschaft auf einer
Gedenkplakette, die das Jahr 1963 nennt.
Zwei Barkeeper im »Hilton« auf der Insel
behaupten, sie hätten den Drink elf Jahre
früher erfunden. Wie dem auch sei, er
erscheint erst Ende der 1960er-Jahre in
Büchern, obwohl ein Reisemagazin 1922
von einem gleichnamigen kubanischen
Cocktail berichtete: »Saft von einer
vollreifen Ananas, schnell geschüttelt mit
Eis, Zucker, Limette und Bacardi-Rum«.
In Anbetracht der jeweils wechselnden
örtlichen Zutaten könnten alle Geschichten einen wahren Kern besitzen.

Während er in einer Bar Nachos knabbert,
kommt Stuntman Mike mit Pam ins Ge-
spräch, einer ebenso hübschen wie selbst-
bewussten Blondine. Sie bestellt ihm einen
Virgin Piña Colada. Mike erzählt von seiner Beteiligung an Fernsehserien und Spielfilmen, von denen Pam und die anderen
Bargäste noch nie gehört haben. Draußen
löst die aufreizende Arlene widerwillig
eine Wette ein und spendiert Mike einen
Lapdance. Nach eigenem Bekunden
besucht Mike eine Bar nicht wegen des
Alkohols. Der dient lediglich als zwischen-
menschliches Schmiermittel. Ihn reizen
dort nur zwei Dinge: Frauen und Nachos.

VODKA GIMLET

About Schmidt • 2002
Warren Schmidt / Jack Nicholson

50 ml Wodka
12 ml Lime Juice Cordial

Die Zutaten auf Eis schütteln. In ein
gekühltes Martiniglas abseihen.
Mit einer auf den Glasrand gesteckten
Limettenscheibe servieren.

Angeblich wurde dieser Drink Ende des
19. Jahrhunderts in der britischen Marine
vom Konteradmiral und Flottenarzt
Sir Thomas Desmond Gimlette erfunden.
Er verabreichte seinen Matrosen Gin mit
Limettensirup, um die Zitrusfrucht als
Skorbutvorbeugung zu propagieren.
»Rose's Lime Juice Cordial« wurde 1867
als Stärkungsmittel patentiert und stellt
seit jeher die unverzichtbare zweite Zutat
in der Geschichte des Gimlet dar. Die
Ersetzung von Gin durch Wodka ist jüngeren Datums; sie betont das Limetten-
aroma, weil die vielschichtigen Kräuteraromen des Gins entfallen.

· ·

Warren Schmidt aus Omaha blickt auf eine
jahrzehntelange Karriere in der Versiche-
rungsbranche zurück. Bei der Abschieds-
feier anlässlich seiner Pensionierung
überschütten ihn die Kollegen mit Liebe
und Respekt, aber ihm kommt es vor, als
beraube man ihn seines Lebensinhalts.
Er fühlt sich wie ein Sandwich ohne Belag.
Was bleibt ihm? Ein langjähriger Freund
preist in einer rührenden Rede die Reich-
tümer der Seele, von denen ein Mann wie
Schmidt nach einem verdienstvollen und
erfüllten Leben zehren könne. Warren
zieht sich an die Bar zurück, sucht Trost in
einem Vodka Gimlet und sinniert über das
Leben und seine Zukunft.

VODKA 'VESPER' MARTINI

Casino Royale • 2006
James Bond / Daniel Craig

50 ml Gin
12 ml Wodka
6 ml Lillet Blanc

Alle Zutaten im Shaker auf Eis schütteln.
In ein gekühltes Martiniglas abseihen.
Eine lange schmale Zitronenzeste in
den Drink legen.

Einer der wenigen bekannten Drinks, die
von einer fiktiven Person erfunden wurden: Im Roman *Casino Royale* sitzt James
Bond am Spieltisch und bestellt einen Dry
Martini, dessen Rezept er genau angibt,
inklusive Hinweisen zur Zubereitung im
Shaker. Diese Szene wurde im gleichnamigen Spielfilm von 2006 werkgetreu
aufgegriffen, sogar mit dem Verweis auf
Kina Lillet, ein Wein-Aperitif, der längst
nicht mehr auf dem Markt ist. Die Firma
Lillet produziert stattdessen einen ähnli-
chen, aber milderen Aperitif auf Weiß-
weinbasis.

James Bond nimmt an der wichtigsten
Pokerrunde seines Lebens teil. Auf dem
Tisch liegen Hunderte von Millionen, und
er muss gewinnen, um Le Chiffre, einen
Privatbankier und Terrorfinanzier, in
den Ruin zu treiben. Das Spiel zieht sich
tagelang hin, wobei die Spannung mit der
Höhe der Einsätze wächst. Bond zitiert
den Barkeeper zu sich und bestellt einen
Dry Martini, aber modifiziert nach seinem
Geschmack. Damit weckt er das Interesse
seiner Mitspieler am Kartentisch, die
ebenfalls auf den Geschmack kommen.
Während Bond am Glas nippt, fällt sein
Blick auf die ernst blickende Vesper, seine
Agentenkollegin und Geliebte. Er denkt
darüber nach, ob er seine Drink-Kreation
ihr widmen soll.

WHISKEY SOUR

Avanti, Avanti! • 1972
Wendell Armbruster Jr. / Jack Lemmon

50 ml Bourbon
25 ml Zitronensaft
12 ml Zuckersirup
2 Dashes Angostura
½ Eiweiß

Alle Zutaten im Shaker auf Eis schütteln
und in eine gekühlte Champagnerflöte
abseihen. Einen Orangenschnitz in den
Drink legen.

Die ersten Erwähnungen dieses Drinks
reichen bis 1870 zurück. Seither ist daraus
eine ganze Cocktailfamilie entstanden.
Manche Rezepte, wie die 8:2:1-Formel von
David A. Embury in *The Fine Art of Mixing
Drinks* in der Ausgabe von 1954, erhöhen den
Whiskyanteil, während heutige Barkeeper
eher zu unserem Verhältnis mit mehr Zitronensaft und Zucker tendieren. Dieser Drink ist
sowohl »straight up« als auch auf Eiswürfeln
ein Genuss. Statt Bourbon bieten sich auch
irischer oder Rye Whiskey an, aber niemals
Scotch. Dessen torfiger Geschmack harmo-
niert nicht mit dem Zitrusaroma.

....

Wendell Armbruster Jr. gibt sein Bestes,
um die italienische Bürokratie zu überlisten.
Schließlich will er nur den Leichnam seines
verstorbenen Vaters in die Heimat überführen.
Der Senior starb, als sein Auto von einer
gewundenen Landstraße im neapolitanischen
Hinterland in die Tiefe stürzte. Der spießige
Wendell ahnt nicht, dass auch die langjährige
Geliebte des Vaters dabei ums Leben kam.
Erst als er der Britin Pamela begegnet, die
die sterblichen Überreste ihrer Mutter abho-
len will, klärt sich alles auf. Nach anfängli-
chen Missverständnissen werden auch die
Kinder zum Paar und wandeln auf den Spuren
der Eltern. Im Hotel »Excelsior« serviert ihnen
der Barkeeper das Lieblingsgetränk der
verblichenen Liebenden: Whiskey Sour,
säuerlich, und einen Bacardi, lieblich.

WHITE LADY

Das Böse unter der Sonne • 1982
Hercule Poirot / Peter Ustinov

33 ml Gin
25 ml Triple Sec
19 ml Zitronensaft

Alle Zutaten im Shaker auf Eis schütteln.
In ein gekühltes Martiniglas abseihen.

Zwei Titanen der Bartradition ringen um die Urheberschaft dieses Cocktails. Zum einen erklärte Harry MacElhone, er habe ihn 1919 im Londoner Club »Ciro's« erfunden. Seinen Angaben nach arbeitete er bis 1929 an der Verfeinerung des Rezepts. Sechs Jahre zuvor hatte er die »New York Bar« in Paris übernommen. Zum anderen beschrieb Harry Craddock im *Savoy Cocktail Book* von 1930 den Drink als seine Kreation. Harrys früherer Lehrling Joe Gilmore bestätigte das und erinnerte sich daran, dass die White Lady der Lieblingscocktail der beiden Stummfilmstars Stan Laurel und Oliver Hardy gewesen sei.

....

Poirots jüngster Auftrag führt ihn in ein idyllisches Inselresort, den ehemaligen Sommersitz des Königs von Tyrrhenien, wo er die Spur eines verschwundenen Diamanten verfolgt. Der belgische Meisterdetektiv erhofft sich von der Reise nicht nur die Aufklärung des Falls, sondern auch ein wenig Freizeit und Erholung für sich selbst. Bei der Begrüßungsparty lernt er die übrigen Gäste kennen, eine bunte Mischung aus Reichen und Kreativen. Während Hercule vor der Herausforderung steht, zwischen White Lady, Sidecar, Mainrace oder Between the Sheets wählen zu müssen, ahnt er noch nicht, dass sich ein Mörder unter der illustren Schar befindet. Wird er dem Täter auf die Schliche kommen?

WHITE RUSSIAN

The Big Lebowski • 1998
Jeffrey Lebowski (»The Dude«) / Jeff Bridges

50 ml Wodka
25 ml Kahlúa (Kaffeelikör)
25 ml fettreduzierte Sahne

Die Zutaten bis auf die Sahne in einem mit Eis gefüllten Old-Fashioned-Glas verrühren. Die Sahne über die gewölbte Rückseite eines Barlöffels langsam auf den Drink fließen lassen.

Der White Russian entstand Mitte der 1960er-Jahre in Amerika, ist also einer der jüngsten Drinks in diesem Buch. Sein unbekannter Erfinder variierte den Black Russian aus den 1940er-Jahren durch das Hinzufügen von Sahne. Der Cocktail hielt sich zunächst tapfer und verschwand dann langsam von der Bildfläche. Erst 1998 erlebte er seine spektakuläre Wiederauferstehung. Im Lauf der Spielfilmhandlung von *The Big Lebowski* nimmt der »Dude« mit unnachahmlicher Nonchalance sieben White Russians zu sich. Mittlerweile gibt es Varianten wie den Dirty Russian (mit Schokomilch statt Sahne) oder den White Cuban (mit Rum statt Wodka).

Dieser Teppich war der Mittelpunkt der Wohnung, und jetzt hat ein Schlägertyp aufgrund einer Verwechslung einfach draufgepinkelt. Der »Dude« besucht seinen Namensvetter, Jeffrey Lebowski, um Ersatz von ihm zu verlangen. Obwohl der Millionär ihn abblitzen lässt, gelingt es dem »Dude«, einen reizenden Perserteppich aus dessen Haus zu ergattern. Zurück in seiner Bruchbude paradiert er stolz über die neue Errungenschaft und mixt sich zur Feier des Tages einen White Russian aus reichlich Wodka, Kahlúa, Sahne und Eis. Während er seinem Lieblingsdrink zuspricht (bei dem üppigen Bartwuchs kein leichtes Unterfangen), läutet das Telefon. Es ist Lebowski, der Millionär. Es geht ihm nicht um den Teppich, er braucht die Hilfe des »Dude«.

White Russian

ZOMBIE

Schatten einer Liebe • 1996
Rachel Lewis / Claire Danes

12 ml weißer Rum
38 ml goldener Rum aus Puerto Rico
25 ml schwarzer Rum aus Jamaika
25 ml Limettenkonzentrat
19 ml Ananassaft
12 ml Zuckersirup
12 ml Apricot Brandy
12 ml 151-Proof-Rum

Alle Zutaten bis auf den 151-Proof-Rum im Shaker auf Eis schütteln. In ein mit zerstoßenem Eis gefülltes Hurricaneglas abseihen. Zum Schluss den 151-Proof-Rum dazugeben, der flambiert für einen besonderen Effekt sorgt. Mit einer Ananasspalte servieren.

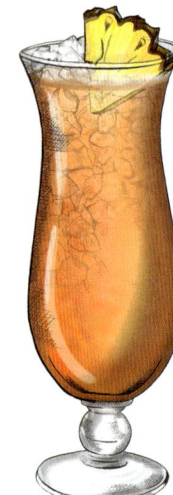

Für dieses potente Getränk benötigt man einen Vorrat von vier Rumsorten, obwohl man den 151-Proof-Rum auch weglassen kann. Dessen einziger Vorzug ist seine hohe Entzündlichkeit. Der Ruhm für diese Kreation gebührt Donn Beach, der in Amerika eine Kette von Restaurants im polynesischen Stil aufmachte und zu den Pionieren der Tiki-Welle nach 1950 gehörte. Die geheime Zutatenliste für den Zombie wurde erst später bekannt. Weil Donn sie ständig variierte, konnte man darüber nur Vermutungen anstellen. Bis heute befolgen die von ihm begründeten Restaurants die Regel »nur zwei pro Gast«, weil der Drink außergewöhnlich stark ist.

. . . .

Vor zwei Jahren kam Gillian beim Sturz vom Mast einer Segelyacht ums Leben. Witwer David hat ihren Tod noch immer nicht verwunden und führt in seiner Einbildung Dialoge mit der Verstorbenen. Rachel, die Tochter des Paars, wird langsam flügge und gerät in einen hedonistischen Freundeskreis. Auf einer Party, die sie besucht, werden vor allem Zombies aus Halblitergläsern konsumiert, mit reichlich Rum. Kein Wunder, dass Rachel am Ende der Nacht ihrem Vater vor die Füße kotzt!

DANK

. . . .

Zunächst einmal gilt unser Dank allen, die uns
bei der Arbeit an diesem Buch unterstützt haben.

Vielen Dank an Ali Gitlow, Andrew Hansen und das gesamte
Team von Prestel, die eine Idee in dieses wunderschöne
Buch verwandelt haben. Es ist ein fantastisches Gefühl,
dass Menschen auf der ganzen Welt es kaufen, ausleihen,
verschenken und bekommen können.

Wie immer vielen Dank an unsere Eltern, die so stolz auf uns
waren und uns überhaupt erst zu Träumern gemacht haben.

Bei der Recherche zu diesem Buch haben wir aus einer
Million Quellen von unterschiedlicher Zuverlässigkeit und
Güte geschöpft. Dazu zählen Autoritäten aus der Welt der
Mixgetränke: David A. Emburys *The Fine Art of Mixing
Drinks* (1948), Simon Diffords regelmäßig aktualisierte
Diffordsguides, Patrick Gavin Duffys *The Official Mixer's
Manual* (1934), Harry MacElhones *ABC of Mixing Cocktails*
(1921), Harry Johnsons *Bartender's Manual* (1882) und
das erste Buch dieser Art, Jerry Thomas' *Bartender's Guide*
(1862). Wir können sie alle wärmstens empfehlen.

. . . .

DIE AUTOREN

Will Francis referiert, schreibt und lehrt über die sich im ständigen Wandel befindlichen Themen Medien und Technologie. Er arbeitete als britischer Redakteur für das bahnbrechende soziale Netzwerk MySpace, inzwischen berät er Marken beim Einsatz von digitalen und sozialen Medien. Will tritt regelmäßig bei einschlägigen Events und in den Medien auf, wo er sein Fachwissen und seine Einschätzungen zur Entwicklung der digitalen Landschaft weitergibt.

Stacey Marsh stammt aus Waterford im Südosten Irlands und arbeitet als Visual Designerin und Illustratorin. Das reicht von digitalen Werbekampagnen für bekannte Marken bis hin zu maßgeschneiderten privaten Illustrationsaufträgen. In jüngerer Zeit konzentriert sie sich auf Datenvisualisierung und Interface-Design für den Technologiesektor. Wenn es die Zeit erlaubt, beschäftigt sie sich gerne mit Muster- und Oberflächendesign.

*Nach einem längeren gemeinsamen Aufenthalt in London, wo die ursprüngliche Ausgabe dieses Buchs entstand, pendelt das Ehepaar nun zwischen der britischen Hauptstadt, Staceys Heimat Irland und Wills Heimatort im Peak District im Herzen von England hin und her. Weitere Bildbände sind in Vorbereitung, mehr dazu auf **willfrancis.com.***

© Prestel Verlag, Munchen · London · New York, 2021,
in der Penguin Random House Verlagsgruppe GmbH
Neumarkter Straße 28 · 81673 München

Text © Will Francis, 2021
Illustrationen © Stacey Marsh, 2021

Die Originalausgabe erschien 2015 unter dem Titel:
Cocktails of the Movies: An Illustrated Guide to Cinematic Mixology

. . . .

. . . .

Projektleitung: Ali Gitlow; für die deutsche Ausgabe: Stella Christiansen
Design und Layout: Stacey Marsh
Herstellung: Friederike Schirge
Übersetzung: Dietmar Schmitz
Lektorat und Satz: VerlagsService Dietmar Schmitz GmbH
Cover-Gestaltung: Florian Schwab, Tuba Türker
Lithografie: Reproline Mediateam, München
Papier: Profibulk
Printing and binding: DZS Grafik, d.o.o., Ljubljana

Verlagsgruppe Random House FSC® N001967
Printed in Slovenia

978-3-7913-8743-7

www.prestel.de